AF287456

La Loire

Irgendwann war er da, der
Wunsch, die Loire zu sehen mit
ihren berühmten Schlössern und
der einmaligen Landschaft. Woher
das Interesse kam, kann ich heute
nicht mehr ergründen. Vielleicht
führte im Jahre 1988 die Debatte
um die verschiedenen geplanten
Stauseen im Loiretal dazu, die
Loire in meinen Focus zu rücken.
Die Presse berichtete ausführlich
über den Widerstand in der
Bevölkerung, der Gott sei Dank zur
Aufgabe des geplanten Vorhabens
führte. Alle Staudammprojekte
wurden gestoppt.

Somit ist die Loire heute der
einzige ungezähmte, wilde Fluss
innerhalb Europas. Böse Zungen
behaupten, die Loire sei wie eine
Frau, launisch und unberechenbar,
mal sanft und mal furieuse.
Wegen ihrer Schönheit verzeiht
man ihr jedoch allzu gerne.

Sich speisend aus 3 Quellflüssen
am Mont Gerbier de Jonc im
Zentralmassiv in 1.550 m Höhe bis
zur Mündung in den Atlantik bei

Saint Nazaire ist die Loire etwa
1.030 km lang. Zwischen Orléans
und Chaumont gräbt sich die Loire
durch Kalk- und Kreideboden,
während sie im Unterlauf durch ein
Sandbett fließt.

Eine Frachtschifffahrt ist auf der
Loire heute nicht mehr möglich.
Auch in früheren Zeiten war es ein
großes Problem, mit Schiffen die
Loire zu befahren. Bei
Niedrigwasser erscheinen
zahlreiche Sandbänke, somit ist
der Fluss nicht mehr befahrbar. In
solch einem Fall blieb den
Schiffern nichts anderes übrig, als
die Schiffe per Muskelkraft an
langen Seilen stromaufwärts zu
ziehen. Die aus dieser Zeit
stammenden Treidelpfade dienen
heute den Radfahrern bzw.
Radtouristen.

Ein Originalmodell dieser alten
Segelboote, ein Toue, ist im
Schlosshof des Château
Montsoreau zu besichtigen.

Nach starken Regenfällen wird aus
dem sanften Fluss rasend schnell
ein reißender Fluss. Dies ist
bedingt durch die dann ebenfalls

2

reichlich Wasser führenden großen Nebenflüsse Indre, Cher, Maine und Vienne. Zahlreiche Markierungen an den Häuserwänden zeigen die hohen Wasserstände der Vergangenheit an. Der zurückbleibende Schlamm verbessert die Fruchtbarkeit des Bodens. Gepaart mit dem äußerst milden Klima wurde das Loiretal so zum Garten Frankreichs.

Den Nachtjasmin, eine in unserem Klima nicht winterharte Pflanze, habe ich in manchen Gärten haushoch rankend bis zum Dachfirst gesehen.

Am Loireufer stehen zahlreiche Kopfweiden, die zur Herstellung von Korbwaren dienen. Im Tal des Indre, einem Nebenfluß der Loire, gibt es heute noch Korbflechtereien. Die Körbe werden u.a. für die Bäcker zum Transport der Baguettebrote benutzt.

In den Betrieben, die auch heute noch als Familienbetriebe geführt werden, kann man die nach alter traditioneller handwerklicher Kunst gefertigten Produkte kaufen. Es werden auch Weiden verwendet, die im Tal des Indre auf Feldern angepflanzt werden. Alle Weiden haben eine gute Qualität. Je nach Witterung während des Sommers werden sie von 80 cm bis zu 3 m hoch. Einige Korbmacher bieten Lehrgänge an. Eine Hochburg der Korbflechterei ist Villaines- les - Rochers.

Seit dem Jahre 2000 steht das Loiretal von Sully-sur-Loire bis Chalonnes-sur-Loire unter dem Schutz der UNESCO und ist heute Weltkulturerbe. Das Gebiet Loire-Anjou-Touraine wurde 1996 zum Naturschutzgebiet erklärt. Es haben sich wieder Biber und Fischotter angesiedelt.

Im Loiretal gibt es heute wieder viele Vogelarten, die hier leben und nisten. Zu beobachten sind u.a. der Eisvogel, der Schwarzstorch, die Flussseeschwalbe, der Flussregenpfeifer, die Uferschnepfe, die Rohrammer, die Rohrweihe, der Drosselrohrsänger und der Teichrohrsänger.

Für ornithologisch Interessierte
sind auch der Fischadler und der
Zwergadler zu nennen. Einige
Hotels bieten morgens um 4.00
Uhr Spaziergänge an, um das
Erwachen der Vögel zu
beobachten und dem Vogelkonzert
zu lauschen.

Um aber in den Genuss dieses
wunderschönen Flusstales zu
kommen, muss der Reisende,

sofern er mit dem Auto oder Bus von Norden oder Osten her anreist, die 8 Millionen Metropole Paris durchqueren bzw. auf dem Boulevard Peripherique die Stadt umrunden. Dies ist eine echte Herausforderung. Der Nah- und Fernverkehr rollt trotz allem auf insgesamt 6-8 Fahrbahnen problemlos, wenn nicht gerade rush hour ist. Zur Belohnung winkt einem zwischen dem Häusermeer manchmal der Blick auf den Eiffelturm.

Geschafft! Auf der Autoroute 10 weitet sich die Landschaft . Die vielen Wildschutzzäune lassen ahnen, dass in den Wäldern noch heute viele Wildtiere leben. Nicht umsonst war das Loiretal das bevorzugte Jagdgebiet der Kaiser und Könige.

Es wird allerdings Zeit, sich darüber Gedanken zu machen, wie erkunde ich das Loiretal? Fährt man von Ort zu Ort, von Schloss zu Schloss? Das heißt, jeden Abend ein neues Hotel finden, oder besucht man die Schlösser von „strategisch" günstigen Punkten aus? Die Wahl fällt auf die

Variante: in 3 Teilabschnitten die Loire erkunden.

Wie freue ich mich, als das erste Schloss-Vorankündigungsschild auftaucht. Endlich wird er wahr, mein Traum. Die Informationstafeln an der Autobahn sind wirklich hilfreich und überdies sehr informativ. Anstatt des ersten Weinfeldes kommt jedoch die erste Maut-Station. Die hatte ich vor lauter Vorfreude schon vergessen. Jetzt heißt es erst einmal „péage" . Kleingeld ist ratsam, es sei denn, man besitzt eine Karte der Betreiberfirma.

Beaugency

Unser erstes Ziel heißt „Beaugency", wunderschön gelegen in der Sologne, berühmt für ihre Pappelwälder und die tarte tatin, ein gestürzter Apfelkuchen. Von weitem sieht man schon die Silhouette der Stadt mit ihren runden und spitzen Türmen. Es handelt sich um eine mittelalterliche kleine Stadt, in der heute ca. 8.000 Einwohner leben.

Und in der Tat, es fehlt nur der Ritter mit seinem Knappen. Das Hufklappern der Pferde bilde ich mir (wahrscheinlich) ein.

Die Historie erzählt u.a., dass Beaugency im Hundertjährigen Krieg viermal in die Hände der Engländer fiel und 1429 von Jeanne d'Arc befreit wurde. In den Mauern des alten Städtchens wurde im 12. Jahrhundert zweimal ein Konzil abgehalten.

Die pittoresken Gässchen sind entzückend, die kleinen Häuser mit ihren Innenhöfen total romantisch. Zwischen altem Kopfsteinpflaster wachsen Stockrosen, Malven, Callas und große Hortensienbüsche in allen Farben. In der kleinsten Ecke ist eine Rose gepflanzt und die Blütenpracht ist berauschend.

Da ist sie endlich, die Loire. Breit und gemütlich fließt sie dahin. Auf den Sandbänken und Auen haben Möwen ihre Nester gebaut. Mit lautem Gekreische fliegen sie über ihren Brutplätzen. Noch! Nur wenige Tage später kam das schlimmste Gewitter meines

Lebens nieder und die Loire
schwoll in wenigen Stunden bis zur
Höhe der Brückenwölbungen an.
Das Wasser überspülte sämtliche
Sandbänke und Aueninseln und
die Möwen suchten vergebens
nach ihren Nestern. Ihre ständigen
Landemanöver waren nicht von
Erfolg gekrönt.

Überspannt wird die Loire von der
alten, berühmten Brücke.

Imposante 400 m lang mit 24 Brückenbögen, davon sind 6 aus dem 14. Jahrhundert original erhalten. In alter Zeit kam dieser Brücke große Bedeutung zu, da es nur diese eine einzige Brücke zwischen Blois und Orleans gab.

Die alte Befestigungsanlage ist sehr gut erhalten. Der Tour de l'Horloge (Uhrenturm) , das Chateau Dunois, die Kirche Notre-Dame, der Donjon, Tour de Diable, Tour St.-Firmin, Museé Daniel Vannier, und das Hotel de Ville (das Rathaus) prägen das Bild des Ortes. Man sollte sich die Zeit nehmen, die Stuckarbeiten des Rathauses aus dem 16. Jh. genau anzuschauen. U.a. trägt die Fassade das Wappentier von König Franz I., einen Salamander. Den Salamander werden wir auf der Loiretour noch oft zu sehen bekommen.

Toll erhalten ist ebenfalls die große Alte Abtei, das heutige Grand-Hotel de l'Abbaye, direkt an der Loire gelegen. Die Zellen der Ordensbrüder sind die heutigen Gästezimmer und tragen deren Namen. Frère Gaetan war einer von Ihnen. Die Fußböden der 1000

Jahre alten Abtei knarzen so laut,
dass man glaubt, der Geist von
Frère Gaetan spukt durch das
Zimmer.

Kulinarisch kommt man in
Beaugency nicht zu kurz. Es bietet
eine Vielfalt verschiedenster
Restaurants. Das Chinarestaurant
ist hier genauso zu hause wie das
Feinschmeckerlokal in der Rue du
Pont. Überall schmücken Blumen
das Städtchen und ich weiß, warum
Beaugency Ville Fleuri heißt.

Tavers

Wie schön muss es sein, an der
Loire entlang zu radeln.
Fahrradverleiher laden ein, es
auszuprobieren. Das Ziel ist Tavers,
der nächste Ort. Auf das Fahrrad
geschwungen und losgeradelt. Der
Kontakt mit der Natur ist auf
verschlungenen Fahrradwegen sehr
intensiv. Kormorane und
Fischreiher schauen vom Ufer aus
zu. Wir radeln an einem Schild
vorüber mit der Aufschrift „Les eaux
bleues". Blaues Wasser? Was ist
das??

Auf einem verwitterten Schild ist das Wort „Sables" zu entziffern. Gibt es vielleicht ein Stück Strand an der Loire? Strand gibt es nicht, aber dafür eine riesengroße Überraschung.

Unter Bäumen versteckt sprudelt Wasser aus einer Sandfläche in großen Blasen hervor. Das Wasser ist tatsächlich blau. Dieses Naturschauspiel entsteht dadurch, dass das Wasser wie bei einem Syphon durch das Kalkgestein gepresst wird und wieder durch sandigen Boden an die Oberfläche dringt. Der Name dieses Wassers heißt exakt "Les eaux bleues et les Sables d'Or de Tavers".

Keine Rarität, aber genauso schön ist die nahegelegene Wassermühle. Ob das alte Mühlrad sich noch drehen kann?

Tavers ist ein wirklich ruhiger, beschaulicher Ort, wo herrliche Wanderungen und Radtouren möglich sind. Begeistert von dem Erlebten kehre ich zurück zu unserem „Basislager". Nun heißt es planen, die nächsten

Sehenswürdigkeiten kennen zu
lernen.

Château Talcy

Abseits von den bei Touristen
bekannten Schlössern liegt das
Schloß Talcy. Beim Eintritt in den 1.
Schlosshof verliebe ich mich auf der
Stelle in den Ziehbrunnen.
Umwachsen von der Kletterrose
„Ronsard" erinnert mich der Anblick
an mein altes Märchenbuch.

Die Rose „Ronsard" ist überhaupt
d i e Rose des Loiretals. Zartrosa
blühend verdankt sie ihren Namen
dem französischen Dichter Pierre
de Ronsard. Und eben dieser
Dichter lebte eine Zeitlang in Talcy
und ließ sich inspirieren.

Zu Hause angekommen führte mich
mein Weg sogleich zu einem
Rosenspezialisten. Die Rose
Ronsard heißt in Deutschland
„Eden 85" und steht jetzt auch in
unserem Garten.

In dem 2. Schlosshof begeistert mich der Taubenturm. Die 1.500 Nistplätze sind noch vorhanden. Stellen Sie sich vor, wie es hier geflattert hat. Jetzt erkenne ich den Sinn des Sprichwortes „Es geht zu wie in einem Taubenschlag"

.

Talcy besticht durch sein gut erhaltenes Interieur. Ein Herrensitz der Renaissance mit phantastischen Gobelins und geschmackvollen Intarsienarbeiten. Sehenswert auch die große Kelteranlage. Alles in einem wunderbaren Zustand und es ist leicht, sich an diesem Ort vorzustellen, wie aus Reben Wein wird.

Der Garten lädt zum Verweilen und Stöbern ein. Schöne Kräuterbeete, Beerensträucher und viele, viele Kirschbäume. In diesem Jahr tragen sie besonders viele Kirschen und ich lasse mir die roten Köstlichkeiten einfach in den Mund wachsen. Hmmm.

Nur ca. 1 km entfernt steht eine alte aus Holz gefertigte Bockwindmühle. Was mir daran besonders gut

gefällt ist das witzige, auf dem Dach
befindliche Windspiel, ein Bauer,
der mit seinem Esel das Korn zur
Mühle bringt.

Überhaupt sind viele Mühlen in
diesem Gebiet zu finden.
Hauptsächlich findet man die aus
Stein gemauerten
Turmwindmühlen.

Bedingt durch das weitverzweigte Flussnetz sind etliche Wassermühlen anzutreffen. Einige sind in einem besonders guten Zustand. Im Departement Maine-et-Loire befanden sich früher über 1.500 Mühlen, davon sind noch ca. 15 - 20 Mühlen erhalten.

In dem einzigen Gasthof des Ortes lasse ich die Bilder noch einmal bei einem Espresso an mir vorbeiziehen.

Geplante nächste Etappe: Orléans, Gien und die Pont-Canal in Briare.

Orléans

Orléans ist die Hauptstadt der Region Centre, Universitätsstadt und eine der geschichtsträchtigsten Städte Frankreichs. Ihrer Heldin, Jeanne d'Arc, widmet die Stadt jährlich im Mai ein großes, rauschendes Fest.

Der Place du Martroi mit dem großen Reiterstandbild der Jungfrau von Orléans ist das Herzstück der

Stadt. Hier spürt jeder das studentische, wirbelige Leben der Universitätsstadt.

Jetzt stehe ich der Cathédrale Ste-Croix gegenüber. Die Kathedrale im gotischen Stil erbaut, ist beeindruckend. Besuchen Sie die Kathedrale und besichtigen die Glasrosetten. Ich bummele weiter durch die Altstadt und erfreue mich an den alten Fassaden, allerdings auch an den vielen bunten Geschäftsauslagen. Die Spezialität Orléans ist ein köstliches Quittengelee, cotignac d'Orléans.

Weiter soll die Fahrt nach Gien gehen. Leider findet der Suchende in Orléans nur ganz wenige Schilder, die ihm die Richtung zeigen. Ohne Navigationsgerät irre ich ziemlich hilflos umher. Es beginnt zu regnen. Auch das noch! Irgendwie wird die Nationalstraße erreicht.

Auf dem Weg von Orléans nach Gien durchqueren wir den Ort Saint Martin d'Abbat. Ein kleiner Ort mit einer großartigen Idee. St. Martin d'Abbat ist die Village aux boîte de lettre. Sie wissen nicht was das ist?

Jedes Haus hat seinen eigenen, besonderen Briefkasten. Jeder einzelne erzählt eine Geschichte, z.B. über die Familie, den Beruf, die Hobbys. Blumige, tierische, witzige Motive als Briefkästen. Im Internet sind die Briefkästen zu sehen unter www.frjp.net „Das Dorf der Briefkästen". Viel Spaß.

Gien und sein Château

Gien ist eine sehr alte Stadt, ca. 50 km südöstlich von Orléans gelegen. Der Ursprung stammt aus der Römerzeit. Angeblich hat Karl der Große hier eine Burg errichtet. Leider wurde die kleine Stadt im 2. Weltkrieg fast vollständig zerstört. Zum Aufbau wurde das alte Baumaterial wiederverwendet.

Das Schloss ist aus Backsteinen und weißen Quadern erbaut, oberhalb der alten Brücke aus dem 16. Jahrhundert gelegen. Es beherbergt heute ein großes Jagdmuseum. Vor dem Schloss steht ein großer Bronzehirsch, er soll wohl auf die beachtliche Geweihsammlung hinweisen. Das

Schloss bietet noch viele weitere attraktive Sammlungen von Gemälden bis zu Jagdgewehren.

Ich steige die Stufen zum Schloss hinauf. Von hier aus schaue ich auf die Schieferdächer der Stadt und die vielen, vielen Kamine der Häuser. Welches dieser Häuser beherbergte den jungen Ludwig XIV, als dieser vor der Fronde, den Feinden des Hochadels, aus Paris nach Gien floh?

Die traditionelle Porzellanmanufaktur hat Gien weltweit berühmt gemacht. Bis heute ist die Herstellung des besonderen Farbdekors in dem traditionellen dunklen Blau, dem bleu de Gien, ein gut gehütetes Geheimnis. Alles wird in Handarbeit bemalt. Selbst die Straßenschilder in Gien sind Fayencen.

Ein sehenswertes Prachtstück des Museums stellt die ca. 3 m große Vase dar. Sie wurde eigens für die Weltausstellung 1900 entworfen. Ein wunderschöner dunkelblauer Pfau ist hierauf zu bewundern.

Pont Canal Briare

Die Fahrt geht weiter stromaufwärts nach Briare. Hier überquert die berühmte Pont-Canal auf einer Länge von 662 m die Loire. Der Kanal ist 11m breit. Erbaut wurde dieses Wunderwerk unter der Mitwirkung des Eiffelturm-Konstrukteurs Gustave Eiffel.

Für die Lastkähne in der damaligen Zeit stellte der Kanalbau eine erhebliche Zeitersparnis dar. Bis zum Jahre 2003 war der Kanal in Briare der längste Brückenkanal der Welt. Die Handelsschiffe wurden kontinuierlich immer weniger und, heute fahren hier nur noch Ausflugsschiffe und Hausboote.

Es ist auch möglich, selbst ein Hausboot für einen oder mehrere Tage zu mieten. Für einige Boote ist kein Bootsführerschein erforderlich. Die Flüsse sind ganzjährig zu befahren.

Ich spaziere den Treidelpfad
entlang und habe Glück, es biegt
ein Ausflugsschiff in den Kanal ein.
Hautnah gleitet es an mir vorbei, die
Passagiere winken und genießen
ihre Fahrt.

Beindruckend und erwähnenswert
sind die Kandelaber, die den
Eingang des Kanals markieren. Des
weiteren befinden sich auf der

Brücke 72 Straßenleuchten im Stil
des 19. Jahrhunderts. Wer möchte,
steigt die alte Schleusentreppe
hinab und befindet sich direkt am
Ufer der Loire. Bänke laden zum
Verweilen ein. Für Radtouristen
führt ein gut asphaltierter Radweg
(was nicht unbedingt immer der Fall
ist) an der Loire vorbei.

Château de la Ferté Saint Aubin

Die Hoteliersfrau in dem
gemütlichen Familienhotel La
Sologne empfiehlt den Besuch des
Schlosses „Château de La Ferté
Saint Aubin", 18 km südlich von
Orléans gelegen. Die großen
Touristenströme sind noch nicht bis
hierher vorgedrungen. In aller Ruhe
erkunde ich die gesamte Anlage.

Das Schloss stammt aus dem 17.
Jahrhundert. Nach einer
wechselvollen Geschichte
übernahm 1987 eine hoch
motivierte, junge Familie mit
mehreren Kindern das Schloss mit
dem Vorsatz, dieses alte Gebäude
einschl. des großen Parks zu

erhalten und zu einem Anziehungspunkt auszubauen. Eine Aufgabe, die nur mit sehr viel Enthusiasmus zu bewältigen ist.

Die Besucher werden zu einem Schlossrundgang eingeladen, um das Schlossinnere gründlich kennen zu lernen. Ausdrücklich wird darum gebeten, sich wie zu Hause zu fühlen. Es gibt keine abgesperrten Räumlichkeiten.

Das Schloss wurde sorgfältig restauriert und bietet heute u.a. Gästezimmer an. In dem großen Schlosspark befinden sich einige der Originalwaggons des legendären Orient-Expreß. Von den Kindern der Besucher werden diese begeistert in Besitz genommen. Wo und wann kann man schon mal auf einer leibhaftigen Dampflokomotive herumklettern?

In dem Pferdestall (Ècurie) befindet
sich eine Sammlung von Kutschen
und Pferdegeschirren, bestehend
aus Sätteln und Zaumzeug. Mehr
als 30 Exemplare stammen aus der
Kollektion der großen französischen
Firma Hermès aus Paris.

Weiter geht es zu der historischen
Küche. Diese ist, man glaubt es
kaum, noch funktionsfähig. Beim
Betreten der Küche steht man

gleich einem leibhaftigen Wildschwein gegenüber. Besser gesagt, es hängt mit seinem Hinterbein in einer Hängevorrichtung, Die Küche ist komplett eingerichtet. Faszinierend, wie praktisch alles angeordnet ist. In den Monaten Juli und August werden in der Küche für die Besucher Honig-Madeleines im Holzofen-Feuer gebacken.

Wer sich für alte Puppen und historisches Spielzeug begeistert, findet hier seinen Platz. In einem Gebäudeflügel ist unter dem Dach auf 250 qm eine reizende Kollektion ausgestellt, sorgfältig und liebevoll zusammengetragen.

Für Familien eine wundervolle Sache ist die im Park befindliche Ile Enchantée, ca. 2 ha groß. Hier können Kinder in Miniatur-Holzhäusern nach Themenschwerpunkten wie Schule, Café, Einkaufsladen und einem Marionettentheater etc. nach Herzenslust toben und spielen.

Sie sehen, für Familien ist dieses Schloss ein wunderbarer Ort,

gemeinsam etwas Besonderes zu
erleben .

Château Chambord

Unser nächstes Ziel ist wohl das
bekannteste, ganz bestimmt aber
das größte Schloss an der Loire:
Chambord! Seit 1981
Weltkulturerbe der UNESCO. Das
Schloss der Schlösser. Berichte
und Beschreibungen über
Chambord füllen viele Regale.

König Franz I. entwarf das Schloss
im 16. Jahrhundert. Doch änderte
er immer wieder seine Pläne, es
musste noch größer, schöner,
vielfältiger und außergewöhnlicher
werden. Sein kuriosester Plan war,
die Loire so umzuleiten, dass sie
als Wassergraben das Schloss
umfing. Dieses Ansinnen wurde
sogar den damaligen Baumeistern
zu heikel. Sie überzeugten Franz I.
und auf ihr Betreiben hin speist nun
das Flüsschen Cosson den
Wassergraben.

Alles was mit Chambord
zusammenhängt, ist gigantisch. Auf

dem Weg zum und ins Schloss verlieren sich die Dimensionen. Nur die brennenden Füße wissen abends um die Länge der Wege. Chambord verfügt über eine große Anzahl von Räumlichkeiten, schon alleine wegen des mitreisenden Personals. Ungezählte Kamine und Türme schmücken die Dächer des Schlosses.

Der Parkwald, das Jagdgebiet Franz I., erstreckt sich auf 5.400 ha, und entspricht damit der Grundfläche von Paris ohne Banlieue. Dieses Areal wird von einer 32 km langen Mauer mit 6 Pforten befriedet. Das Areal ist für Touristen nur mit einer Führung zu besichtigen.

Wir nähern uns nun allmählich dem Schloss der Schlösser. Die Fahrt durch den wunderschönen Wald ist bereits lohnenswert. Dann können wir endlich das Schloss sehen.

Einfach märchenhaft schön mit den vielen Zinnen, Türmchen und Dachaufbauten, die sich in der Wasserfläche des umgebenden Schlossgrabens widerspiegeln. Schade für Franz I., dass er hier nur kurze Zeit gelebt hat. Bei seinem Tod war das Schloss noch unvollendet.

Im Innenhof finden wir die berühmte Doppeltreppe. Sie wurde wahrscheinlich von Leonardo da Vinci, der an den Planungen für Chambord in großem Maße beteiligt war, entworfen. Um diese Treppe ranken sich etliche Geschichten bezüglich amoureuser Abenteuer der damaligen Herrscher.

Wir besichtigen das Schlossinnere mit seinen zahlreichen Kunstgegenständen, vielen wunderschönen Wandbehängen und prunkvollen Möbeln aus verschiedenen Epochen. Überall in den Räumen und Kassettendecken findet man das F für Franz und Frankreich und das Wappentier, den feuerspeienden Salamander.

Hier also hat Moliére mehrere
Theaterstücke verfasst und deren
Premiere gefeiert, u.a. „Der Bürger
als Edelmann". Aus der Zeit des
französischen Marschalls Moritz
von Sachsen stammen 4 große
Kachelöfen aus Meißner Porzellan.
Das sächsische Wappen ziert den
Kranzsims. Der französische
Marschall lebte hier bis zu seinem
Tode im Jahre 1750.

Von der Dachterrasse aus hat man einen traumhaften Blick auf den Wald und die gesamte Domaine. In die Steine haben Besucher aus vergangenen Zeiten die Umrisse der Loireschiffe eingeritzt und sich selbst mit ihren Initialen verewigt.

Chambord bietet im gesamten Jahr vielfältigste Unternehmungen an. Im Schloss selbst finden Konzerte und Ausstellungen statt. Ausgedehnte Fahrradtouren und Reitausflüge sind möglich auf den zugelassenen Wegen. Bootsfahrten auf dem Wassergraben sowie Kutschfahrten durch den Park machen riesigen Spaß. Man sollte den Fotoapparat nicht vergessen. Von jeder Stelle hat man einen anderen Blick auf das Schloss, so dass sich diese Traumkulisse immer wieder neu darstellt.

In den Reitställen des Marschalls von Sachsen werden in den Monaten Mai bis September Reitvorstellungen in historischen Kostümen präsentiert. Ein farbenfrohes Spektakel.

Regionale Märkte bieten ihre Produkte während der Sommerzeit an, u.a. köstliche Loireweine, verschiedene Käse, vor allen Dingen die bekannte Ziegenkäsespezialität Crottin de Chavignol.

Besonders eindrucksvoll ist eine Fahrt mit dem Land Rover durch den Wald, nur möglich innerhalb einer Führung. Irgendwann verliert der Besucher die Orientierung und der Fahrer macht sich einen Spaß daraus, die Gäste raten zu lassen, in welcher Himmelsrichtung sich das Schloss nunmehr befindet.

Da taucht es zwischen den Bäumen auf um gleich darauf wieder zu verschwinden. Im Herbst finden diese Land-Roverfahrten auch nachts statt, um das Hirschröhren live zu erleben. Es ist ein unvergessliches Erlebnis, das schaurig-schöne Röhren der Hirsche zu hören und dabei das dezent angeleuchtete Schloss zu sehen. Zu schön um wahr zu sein. Zur Kontrolle habe ich mich in den Arm gekniffen.

Wenn alle Touristen wieder auf dem Heimweg sind und der Park zur Ruhe kommt, muss man Chambord genießen. Durch die Stille hindurch hört man die Geräusche der Tiere im Naturreservat. Eine einmalige Atmosphäre macht sich breit.

Das Schloss und die gesamte Waldfläche sind heute dem französischen Staatspräsidenten unterstellt. Hier werden die Gäste aus aller Welt von der französischen Regierung zur Jagd eingeladen. In einem großen Jagdhaus (Jagdhütte wäre nicht das richtige Wort) wird anschließend zum Festbankett geladen. Bundeskanzler Helmut Kohl wurde hierher von Staatspräsident Mitterand eingeladen.

Villesavin

Unmittelbar bei dem Château Chambord befindet sich ein kleines Renaissanceschloss, Villesavin. 1527 für den Finanzsekretär unter Franz I. erbaut. Weitere Anbauten folgten zu einem späteren

Zeitpunkt. Im Innenhof ist ein schöner italienischer Brunnen zu bewundern. Über den rückwärtigen Mittelbau zieht sich ein Relief mit einer Inschrift. Leider sind die Buchstaben auf diesem Band nur teilweise lesbar. Das Schloss ist sehr renovierungsbedürftig.

Beeindruckt bin ich von einem alten Fresko. Es stellt die Geißelung Christi dar. Die Wandmalerei in der Kapelle hat ihren Ursprung Anfang des 17. Jahrhunderts. Nur noch Reste der einst wunderschönen Malerei sind zu erkennen.

Eine Hochzeitsausstellung befindet sich im Seitenflügel. Alles was zu einer Hochzeit gehört, kann bewundert werden, Schleier und Haarschmuck für die Braut, das passende Outfit für den Bräutigam Anno 1900. Die Hochzeitsmode meiner Großeltern, die 1911 geheiratet haben, konnte ich hier gut erhalten bewundern.

Zum Schluss der Beschreibung von Villesavin darf die Kutschenausstellung nicht vergessen werden. Entzückende kleine Kutschen für die Kinder, die von Ziegen gezogen wurden.

Vendôme

Mein nächstes Ziel heißt Vendôme. Die Fahrt durch große, große Weizenfelder dauerte länger, als ich es mir vorgestellt habe. Etwas abseits ist dieser kleine Ort gelegen. Eine gallorömische Ansiedlung an zwei Flussarmen des Loir, einem Nebenfluß der Loire. Das Departement heißt Loir-et-Cher und befindet sich noch in der Region Centre.

1035 gründete der Graf Geoffroy Martel eine Benediktinerabtei. Vendôme wurde zur Pilgerstadt wegen ihrer Reliquie, einer Träne Jesu. Vendôme ist, wie in früherer Zeit, eine bedeutende Station auf dem Jakobsweg, der heute wieder zu neuer Berühmtheit gelangt ist.

In diesem Teil des Tales des Loir findet man Schlösser, Weinberge und viele Radwege entlang des Loirufers. Es lohnt sich, hier eine Fahrradtour zu planen. Spezielle

„Velotels" bieten Übernachtungsmöglichkeiten.

Der Place St. Martin ist das Herzstück des Ortes. Hier trifft sich die Jugend, die Familien sitzen zusammen, trinken Café, essen Eis. Die alten Fachwerkhäuser mit den Spitzgiebeln sind die Kulisse. Der Place St.Martin hat seinen Namen von der St. Martinskirche, deren Glockenturm noch heute erhalten ist.

Das ursprüngliche Chateau Vendôme ist nur noch eine Ruine . In unmittelbarer Nähe befindet sich die Alte Abtei de la Trinité mit ihrer Kirche, der Abtskapelle, dem Mönchshaus, dem Kapitelsaal und dem ruheausstrahlenden Kreuzgang.

Ob die Kirche der alten Abtei speziell eine Hochzeitskirche ist, konnte von mir nicht ergründet werden. Jedenfalls wurden mehrere Trauungen nacheinander vollzogen. Ein schönes Erlebnis, die stolzen, glücklichen Bräute zu sehen.

Die berühmtesten Söhne der Stadt sind der Dichter Pierre de Ronsard,

(1524-1585) sowie der Schriftsteller Honoré de Balsac (1799-1850). Balsac, in Tours geboren, wuchs in Vendôme auf und besuchte 6 Jahre lang die Schule des Oratorianerklosters.

Von der alten Stadtmauer sind lediglich noch 2 Tore (St. Georgstor und das Tor Porte d'Eau) und ein Turm (Tour de l'Islett) erhalten geblieben. Das St. Georgstor ist von zwei dicken Türmen eingerahmt und zeigt seine ganze Wehrhaftigkeit.

Besuchen Sie die Touristen-Info. Vor der Treppe werden Sie die Rose Ronsard, benannt nach dem berühmten Sohn der Stadt, in einer Üppigkeit sehen, dass es Ihnen die Sprache verschlägt. Der Parc Ronsard lohnt einen Spaziergang. Sie werden an dem Loir-Flussarm ein zweistöckiges altes Waschhaus entdecken. Übrigens der Dichter Pierre Ronsard wurde in dem Ort Prieuré St. Cosme, 5km von Tours, im Chor der Kirche begraben.

Überhaupt sollte der Ort Vendôme am besten bei einem Spaziergang erkundet werden. Probieren Sie in

einem Bistro den nach der Stadt
benannten Ziegenkäse bei einem
schönen Glas Wein.

Château Blois und das Maison de la Magie Robert-Houdin

Weiter geht die Reise nach Blois.
Der Eindruck von Blois auf den
Besucher ist schon bemerkenswert.
Die Loire, die Brücke, die Häuser
der Stadt in den engen Gassen, die
Kirche St. Nicolas und die
Kathedrale haben mich sehr
beeindruckt. Viele steile Treppen
führen durch die Innenstadt von
Blois. Ein Parkplatz ist allerdings
Mangelware.

Bei der Einfahrt nach Blois fällt der
Blick gleich auf die hohe
Außenmauer des Schlosses. Diese
Mauer war in ihrem Ursprung
fensterlos. Franz I. hat dies nicht
gefallen. Er ließ von seinen
Baumeistern Öffnungen in die
Mauer brechen und so entstanden
Loggien. Dies war für die damaligen
Architekten eine echte
Herausforderung, der sie nicht ganz

gerecht werden konnten. Die Loggien sind nicht regelmäßig verteilt, was aber erst auf den 2. Blick auffällt. Außerdem gibt es keinerlei Verbindung der Loggien untereinander.

Blois wird das königliche Schloss genannt. Um das Schloss ranken sich viele Sagen und Geschichten. Am bekanntesten ist wohl die der Ermordung des Herzogs von Guise, dem Sohn der Catharina von Medici.

Blois, ein wunderschönes Schloss. Es besteht aus 4 Flügeln der unterschiedlichen Jahrhunderte und ist ein Spiegelbild der französischen Architektur.

Begrüßt wird der Besucher gleich
von dem in einer Nische stehenden
Reiterstandbild Ludwigs XII aus
dem 19. Jahrhundert. Dieses
Reiterstandbild und den
Treppenturm verband ich vor
meinem Besuch mit dem Bild des
Schlosses Blois. Wenn man den
Hof überquert, gelangt man zu einer
Terrasse mit Blick über die Dächer
der Stadt .Es befindet sich hier der

Tour du Foix, der einstmals zur Schlossmauer gehörte.

Der erste Flügel ist das Schloss des Mittelalters, das einzige Gebäude des ursprünglichen Schlosses der Grafen von Blois. Hier lernen Sie den größten gotischen Saal aus dem XIII. Jahrhundert kennen, bekannt als Generalständesaal.

1220 wurde er erbaut als Rittersaal der Grafen von Blois, bestehend aus zwei Holzschiffen, die durch eine Säulenreihe getrennt sind. Im Mittelalter beherbergte er das Gericht. Das Tonnengewölbe ist eindrucksvoll mit Ornamenten verziert und in einem besonderen Blauton gehalten.

König Heinrich III. versammelte hier zweimal die Abgeordneten der drei Stände. Diese umfassten den Adel, den Klerus und den Dritten Stand, die freien Bauern und Bürger. Die Versammlung der drei Stände fand meistens in Krisenzeiten statt und wurde vom König einberufen, um evtl. neue Steuern oder neue Gesetze zu verabschieden. Die Stände hatten jedoch nur eine beratende Funktion. Dieser Saal

gehört zu den Highlights von
Chateau Blois.

Der zweite Flügel ist aus Back- und
Sandsteinen im spätgotischen Stil
erbaut von Ludwig XII. Ihm diente
Blois als Residenz. Sein
Wappenschild, ein Stachelschwein
mit Goldkrone, trifft man nicht nur
im Schloss an, sondern an vielen
Stellen innerhalb der Stadt Blois. An
diesem Flügel zeigen sich bereits
die ersten italienischen Einflüsse.
Im 1. Stock ist das Museum der
schönen Künste, Musée des Beaux
Arts, untergebracht. Es werden
zahlreiche Gemälde, Skulpturen
und eine imposante
Wandteppichsammlung gezeigt.

Der 3. Flügel, der
Renaissanceflügel, wurde von
Franz I. erbaut. Neue
architektonische Elemente
bestimmen das Bild. Der
Treppenturm beweist dies deutlich.
Er ist ein Meisterwerk und war für
den Empfang illustrer Gäste gebaut.
Mit ihren Kutschen fuhren die
Geladenen direkt bis zur Treppe
vor. Das Treppenhaus hat die Form
eines 8-eckigen Turms. Durch
Wölbungen im Treppenhaus

entstanden zwischen den Pfeilern Balkone.

An dem Treppenturm treffen wir ihn wieder, das Wappentier von Franz I., den feuerspeienden Salamander, ebenso das Hermelin, das Wappentier seiner Frau, Claudia von Frankreich., Herzogin der Bretagne.

Nach Franz I. bewohnte Catharina von Medici die Gemächer. Eindrucksvoll zeigt sich ihr Schlafzimmer. Die Vertäfelung, bestehend aus 237 geschnitzten Holzteilen, enthielt viele Geheimfächer, in denen sie angeblich Gift versteckt hielt. Die Wahrheit mag wesentlich unspektakulärer sein. Was sie wirklich dort aufbewahrte, ist letztendlich nicht bekannt. Vielleicht war es ihr Schmuck oder andere Kostbarkeiten? In diesem Raum verstarb Catharina von Medici am 5.1.1589.

Ihre Privatkapelle macht auf den Besucher einen mystischen Eindruck. Durch die bunten bleiverglasten Fenster dringt das Licht gedämpft in die kleine Kapelle.

Unter den zahlreichen sehenswerten Räumlichkeiten hat mich ebenfalls die Galerie der Königin besonders angesprochen. Der Fliesenfußboden ist etwas ganz Besonderes, er musste am Ende des XX. Jahrhunderts restauriert werden. Wenden Sie den Blick vom Fußboden auf die Decke und erfreuen Sie sich an den schönen Verzierungen.

Im 2. Stock liegt das Königszimmer. Dieses Zimmer ist durch die Ereignisse um den Herzog von Guise berühmt geworden.

Heinrich von Guise bereitete einen Staatsstreich vor. Er, der Erzkatholik, wollte die protestantische Lehre verbieten lassen und versuchte mit Hilfe der Abgeordneten den König abzusetzen. Dem König wurden diese Pläne zugetragen, und er wusste nur ein Mittel, dem zu entgehen, der Herzog musste ermordet werden.

Bei einer Führung durch das Schloss Blois wird dieses dramatische Ereignis in einer nachgestellten Videoszene den Zuschauern gezeigt.

Am 23. Dezember 1588, morgens um 8.00 Uhr hält sich der Herzog von Guise im Ratssaal auf. Es erscheint ein Sekretär und meldet, der König schicke nach ihm. Auf dem Weg dorthin überschlagen sich allerdings die Ereignisse. Hier wird er schon erwartet. Edelleute versperren ihm den Weg, nehmen ihm seinen Degen ab. Der Herzog wehrt sich verbissen. Er ist außerordentlich stark und kämpft mit dem Mut der Verzweiflung. Jedoch gegen die vielen Angreifer kommt er nicht an. Von mehreren Messerstichen tödlich getroffen fällt er zu Boden.

Catharina von Medici stirbt nur 12 Tage später. Ihr Sohn, König Heinrich III. wird 8 Monate später selbst ermordet als Rache für die Ermordung des Heinrich von Guise.

Im Saal der Guise hängen die Gemälde, die über dieses Ereignis Zeugnis geben. Ein leichtes Schauern läuft den Rücken herunter.

Den vierten Flügel prägt der Klassizismus. Es ist der Flügel von Gaston d'Orléans, dem Bruder von Ludwig XIII. Eine Besonderheit stellt die Gestaltung des Treppenhauses dar. Es ist eine mit einer Laterne bedeckte nach oben geöffnete Kuppel. Nun schließt sich die Kapelle St. Calais an. Das königliche Kabinett wurde nach der

Ermordung des Herzogs von Guise
in den Gaston-d'Orléans-Flügel
integriert.

Dass Blois an dem Pilgerweg nach
Santiago de Compostella, dem
Jakobsweg lag bzw. liegt, sieht man
an den Einfassungen der großen
Fenster. In Stuckarbeit ist dort der
Pilgerstab und der Münzbeutel
verewigt.

Nach soviel Kultur und Geschichte können Sie sich verzaubern lassen. Zuvor empfehle ich allerdings eine kleine Cafépause in einem der Restaurants auf dem Schlossvorplatz.

Hier, am anderen Ende des Schlossvorplatzes, steht das Maison de la Magie Robert-Houdin. In diesem Haus wohnt ein 4-köpfiger Drache, der stündlich mit lautem Gefauche und Geröchele seine vier Köpfe aus den Fenstern steckt. Der Drache erscheint täglich von 10 – 12 Uhr und nachmittags von 14 – 18 Uhr.

Im Innern des Hauses erleben Sie die Geschichte der Magie aus den verschiedenen Jahrhunderten. Sie lernen u.a. ein riesiges Kaleidoskop kennen und können sich außerdem von optischen Täuschungen verwirren lassen. Es wartet noch eine Vielzahl von Zaubereien auf den Besucher und deshalb sollte man dieses Haus unbedingt in sein Besuchsprogramm aufnehmen.

Außerdem befindet sich hier das
Nationale Konservatorium für
Zauberkunst. Tauchen Sie ein in die
Welt der Illusionen. Die
spektakulären Tricks der
Berufsillusionisten werden aber
nicht verraten. Schade!

Château Chaumont

Schloss Chaumont sur Loire liegt
wunderschön oberhalb der Loire.
Erbaut wurde es als trutzige
Abwehr mit mächtigen Rundtürmen
gegen die damaligen Feinde aus
dem Anjou.

Im Jahre 1560 wurde Chaumont
von Catharina von Medici erworben.
Nach dem Tode ihres Ehemannes,
König Heinrich II. zwang sie die
Mätresse ihres verstorbenen
Mannes, Diana von Poitiers, in das
Schloss Chaumont umzuziehen und
ihr das Schloss Chenonceau zu
überlassen. Diana von Poitiers
wohnte nur kurze Zeit hier im
Chateau Chaumont. Sie war sehr
verbittert. Die Zimmer der beiden
Rivalinnen sind zu besichtigen.

Das Schloss erlangte Berühmtheit
bei Gartenarchitekten und
Garteninteressierten durch das
1992 ins Leben gerufene
Internationale Gartenfestival.
Seitdem findet diese
Gartenbaukunstausstellung jährlich
statt, immer unter einem anderen
Thema. 30 Landschaftsgärtner

lassen dabei ihrer Phantasie freien Lauf.
Botaniker und Liebhaber außergewöhnlicher Zusammenstellungen von verschiedensten Pflanzen kommen hier voll auf ihre Kosten.

Château Renault und Ville Renault

Ville Renault wurde 1066 von Renault, Sohn von Geoffroi de Chateau Gontier gegründet. Ville de Château Renault war früher ein Ort der Gerbereien. Von den zahlreichen Gerbereien schloss die letzte 1966 ihre Pforten. In dem Museée du Cuir kann man sich über die Arbeit des Gerbereihandwerks informieren.

Das Château Renault ist im 17. Jahrhundert erbaut worden, ein kleines, abseits gelegenes Schloss oberhalb des Ortes Ville de Renault. Hier ist ein Öffentliches Amt untergebracht, und somit ist das Château nicht zu besichtigen. Ein wahrlich traumhafter Arbeitsplatz.

Der trutzige Donjon (Turm) stammt aus dem Jahre 1150. Er steht am Ende des Gartens, welcher das Schloss umgibt. In diesem Garten befinden sich sehr alte Bäume. Ein schönes, ruhiges Fleckchen, von dem man auf die kleine Ortschaft hinunterschaut.

Eine Verschnaufpause auf der Schlössertour, kein einziger Tourist!

Château Cheverny

Cheverny ist das letzte Schloss, das ich von dem alten Startpunkt aus besuche. Dann wird es Zeit, einen neuen Mittelpunkt zu suchen, von welchem man sternförmig die Schlösser erkunden kann.

Cheverny liegt ca. 10 km von Blois entfernt und steht in dem Ruf, das am besten eingerichtete Schloss zu sein. Vorhanden sind noch das Originalmobiliar, der Waffensaal, prächtige Gemälde und Wandteppiche, sowie eine riesige Geweihsammlung. Sie soll ungefähr 2.000 Hirschgeweihe umfassen.

Angeblich ist Cheverny das einzige Schloss, in dem noch eine Hundemeute zur Jagd unterhalten wird. Vom Herbst bis Ostern finden Schwarzwild- und Hirschjagden statt. Ein farbenprächtiges Spektakel mit der größten Hundemeute in der Region. Vielleicht haben Sie Glück und können bei Ihrem Besuch in Cheverny der Fütterung der Tiere beiwohnen. Die Fütterungszeiten sind am Hundezwinger angegeben.

Überhaupt hat die Pirsch in Frankreich traditionell viele Anhänger. Es sind 1,5 Mio. Jäger registriert, die sich in neuerer Zeit sogar zu einer Partei zusammengeschlossen haben.

Die Fahrt führt uns durch das große Weinanbaugebiet. Hier wird 60% des Weißweines aus der Traube Sauvignon Blanc hergestellt. Zu Rotweinen wird sehr häufig die Traube Pinot Noir verwendet.

Das Schloss Cheverny liegt vor mir, ganz aus weißem Stein. Ein prachtvoller Bau der französischen Klassik. Die Fassade ist symmetrisch aufgeteilt: ein

Mitteltrakt, rechts und links zwei gleichgestaltete Gebäude und Pavillons. Über dem Eingang befindet sich das Wappen der Familie. Das Schloss ist eingebettet in einen Park, der von Kanälen durchzogen wird .

Sollte einigen von Ihnen das Schloss bekannt vorkommen, kann ich Ihre Frage beantworten. Cheverny diente dem Comiczeichner Hergé, dem Erfinder von Tim und Struppi, als Vorlage für Moulinsart, das Schloss von Kapitän Hadoque. Eine ständige Ausstellung über die Werke von Hergé ist in einem Pavillon neben dem Hundezwinger untergebracht.

Der Park kann erobert werden mit dem Boot oder einem elektrischen Bähnchen. Für diejenigen, die besonders gut zu Fuß sind, ist ein Spaziergang durch die Parkanlage mit Besuch des Hundezwingers zu empfehlen , denn Schloss- und Parkbesuch zusammen erfordern einiges Training.

Jetzt aber hinein ins Schloss. Seit
400 Jahren befindet sich Cheverny
in Familienbesitz und wird bis auf
den heutigen Tag privat genutzt.
Die Familie hat ihren Besitz seit
etwa 1920 der Öffentlichkeit
zugänglich gemacht. Alle Räume
sind prächtig ausgestattet. Ganz
besonders beeindruckt war ich von
dem Bild im Königszimmer. Auf
dem Kamin ist das Gemälde zu

sehen, wo Perseus das von ihm geköpfte Medusenhaupt in seinen Händen hält.

Der größte Raum ist der Rittersaal. Die Bemalung der Holzvertäfelung sollte man unbedingt anschauen. Der Wandteppich, der die Entführung der schönen Helena darstellt, wurde in der Pariser Gobelinwerkstatt hergestellt. Jedes Detail ist interessant.

Der prachtvollste Raum ist meiner Meinung nach das Schlafgemach des Königs mit seinem Prunkhimmelbett. Im Salon der Tapisserien gefällt mir die 200 Jahre alte Uhr besonders. Sie zeigt immer noch pünktlich die Uhrzeit und den Mondstand an.

Es steht nun die Weiterfahrt zum nächsten festen Hotelpunkt an, von dem aus die weiteren Schlösser nacheinander am besten zu erreichen sind. Nach reiflicher Überlegung und Abwägung fällt die Wahl auf Tours. Rund um die Stadt Tours liegen die bekannten Schlösser ziemlich dicht beieinander.

Tours, die Stadt des Hl. Martin

Die Stadt Tours, die der Touraine ihren Namen gab, ist eine äußerst lebhafte, von vielen Studenten geprägte Stadt an der Loire. Sie ist der Mittelpunkt des Loiretals. Wohl allen bekannt ist die Stadt Tours als die Stadt des Hl. Martin, dem Bischof von Tours.

In der Krypta der Basilika Saint Martin befindet sich auch das Grab des Hl. Martin, welches jährlich von vielen Pilgern besucht wird und dadurch Tours zu einem bekannten Wallfahrtsort macht.

Ein Relief auf dem Turm der Basilika Saint Martin zeigt, wie Martin als römischer Soldat seinen Mantel teilt. Martin, der ursprünglich aus Ungarn stammte, brachte übrigens die Weinreben ins Loiretal.

Das Hotel, in der Rue Scellerie gelegen, ist ziemlich zentral. Wie auch in Orléans fallen mir die vielen Antiquitätengeschäfte auf. Bei einem, direkt neben dem Hotel gelegen, schaue ich jeden Tag in die Auslagen hinein. Zwei

Marmoramphoren haben es mir angetan. Leider blieb das Geschäft während meines gesamten Aufenthaltes in Tours geschlossen.

Der Mittelpunkt der Stadt Tours ist der Place Plumereau. Ein historischer Platz, der von Fachwerkhäusern umgeben ist, die erst ab 1966 nach und nach renoviert worden sind. In früheren Zeiten wurde der Platz Carroi aux Chapeaux genannt. Die Blumen, die die Hüte schmückten, wurden hier verkauft. Abends ist er Treffpunkt der jungen Leute auf einen Plausch. Auf der Place Plumereau zu sitzen, das Gemurmel der vielen Menschen zu hören und dabei die wunderschönen alten Fachwerkhäuser mit ihren Fassaden aus dem 15. Jh. zu betrachten, ist Urlaub pur.

Ich bestelle mir zum Abendessen ein galette de lardon. Dies ist ein dünner Teigkuchen mit herzhaftem Belag, traditionell hergestellt aus Buchweizenmehl. Hierzu gehört ein kühles Glas Cidre. Die bei uns besser bekannte, süße Variante eines Galette sind die Crepes, die aus Weizenmehl gebacken werden.

Zu den Spezialitäten von Tours gehören u.a.die rillettes. Dies ist ein kräftiger Fleisch-Brotaufstrich aus Schweinefleisch in Schmalz, weiterhin les pruneaux de Tours , mit Apfelcreme oder mit Alkohol gefüllte Pflaumen, eine Münze aus Bitterschokolade, Zuckerstangen, und die pavés de Tours, ein Gebäck.

In der Fußgängerzone habe ich die leckerste tarte de citron aller Zeiten gegessen. Übrigens ein Café, wie wir es in Deutschland kennen, heißt „Salon de Thé." Jeden 1. Freitag im Monat findet in Tours ein Feinschmeckermarkt statt, der Marché Gourmand.

Die Stadt Tours hat mir besonders gut gefallen. Sie ist prima zu Fuß zu erkunden und in jeder Straße erfreue ich mich an neuen außergewöhnlichen Häuserfassaden und Sehenswürdigkeiten. Auch die Spuren der Römer sind zu besichtigen. In einem der alten Fachwerkhäuser ließ Jeanne d'Arc ihre Ritterrüstung schmieden. Kein Wunder, dass Tours in der Beliebtheitsskala der Franzosen weit oben steht.

Die Kathedrale St.Galien ist eine
Kathedrale in gotischer Architektur.
Die Türme sind 70 m hoch.
Wunderschöne Glasmalereien
haben die Kathedrale bekannt
gemacht.

Direkt in der Nähe der Kathedrale
befindet sich das Erzbischöfliche
Palais. Heute beherbergt es das
Musée des Beaux Arts. Im Garten
steht eine prächtige 200 Jahre alte
Libanonzeder, die ich unbedingt
ansehen wollte.

Doch Achtung, der Garten schließt
zur gleichen Zeit wie das Museum.
Ansonsten muss über die Mauer
oder das Gitter geklettert werden.
Gott sei Dank hat mich der Wärter
auf seinem Rundgang noch
entdeckt. Im Museum selbst sind
Möbel, Kunstgegenstände und
Gemälde ausgestellt.

Begrenzt wird die Altstadt durch die
Loire, die breit und behäbig durch
Tours fließt. Am Ufer sind gut
eingerichtete Wege mit Bänken
vorhanden, auf denen die
Spaziergänger sich ausruhen
können um die Aussicht auf den
Fluss zu genießen.

Für mich bemerkenswert ist das Hotel Gouin, ein wunderschönes altes Palais mit einer Renaissancefassade. Heute ist es ein Museum mit den Sammlungen der Archäologischen Gesellschaft von Tours.

Die Weinstöcke der Touraine werden auf dem typischen Kreideboden dieser Gegend in großen Weinfeldern angebaut. Die Reben gedeihen in dem mild-feuchten Klima besonders gut. Die Weine werden in Stollen, die in den weichen Tuffstein gehauen sind, gelagert.

Der Besuch einer Weinkellerei gehört zu einem Loireaufenthalt unbedingt dazu. Zahlreiche Familienbetriebe bieten die Besichtigung ihrer Weinkellereien an. Für mich ist Vouvray ein besonders schöner Weinort . An einem Tag wo der Himmel nicht so strahlte, besichtige ich eine große Weinkellerei und mache mit bei der anschließenden Verkostung. Zum Glück muss ich nicht mehr Auto fahren. Aber ein Stück Loire nehme ich mit nach Hause in Form je eines

6er Kartons Rosé- bzw.
Weißweines.

Rund um die Stadt Tours befinden
sich zahlreiche Schlösser. Wer die
Wahl hat, hat die Qual. Welches
Schloss sieht man als nächstes an?
Hilfe naht im Salon de Thé. Auf den
Bistrotischen liegen Prospekte aus,
die für das 9.Festival de la Tomate
im Chateau de la Bourdaisière
werben. Das Festival findet in
jedem Jahr am 3. Wochenende im
September statt. Die Inhaberin legt
uns einen Besuch ans Herz. Es
werden dort mehr als 600
Tomatensorten vorgestellt.

Château de la Bourdaisiére in
Montlouis-sur-Loire

15 km östlich von Tours gelegen in
dem kleinen Ort Montlouis sur Loire
finden wir das Château de la
Bourdaisiére. Die Schlossbesitzer
widmen sich besonders der
Tomatenzucht. Der Gemüsegarten
ist weit ins Land hinein bekannt und
zieht jährlich viele Touristen an.

Wer bis jetzt glaubte, Tomaten sind nur rot, wird eines Besseren belehrt. Es werden Tomaten angeboten in grün, schwarz, gelb und sogar grün-gelb gestreift. Es ist ein Augenschmaus ,Tomaten in derartiger Vielfalt zu sehen. Von der Kirschtomate bis zu der Riesentomate „coeur du boeuf"(Rinderherz) reicht das Angebot. Genau dieser Erhaltung der Vielfalt haben sich die Besitzer des Château de la Bourdaisiére verschrieben.

Die Ausstellung findet zu einem großen Teil im Garten des Schlosses statt, jedoch werden ebenfalls einzelne Pavillons hergerichtet, so dass auch ein Regentag diesem Ereignis nicht so viel anhaben kann. Stärken kann der Besucher sich in einem der vorhandenen Restaurantzelte.

Zwischen den verschiedenen
Marktständen werden Gerichte aus
und mit Tomaten zum Probieren
angeboten. Man kann beim Kochen
zuschauen und vielfältige
Kombinationen mit Käse und Obst
ausprobieren.

Gleich nebenan werden die Samen
der Tomaten zum Kauf angeboten.
Eine Dame, die mit dem Fahrrad
hergekommen ist, deckt sich mit

vielen Samentütchen ein. Sie bemerkt meinen verwunderten Blick und erklärt mir, sie komme aus Deutschland und verschenke die Tomatensamen an ihre Freunde.

Das Château de la Bourdaisière ist ein Renaissanceschloss und wird teilweise als Hotel genutzt. Die Zimmer oder Suiten sind luxuriös eingerichtet, man wohnt in wirklich ruhiger Umgebung. Ein großer Park lädt ein zum spazieren gehen. Während meines Aufenthaltes in dem Château de la Bourdaisiére fand in dem großzügig angelegten Park eine Open-air-Kunstausstellung statt. Zwischen den Exponaten stehen überall Sonnenliegen, hier können die Besucher ausruhen, und die vielen Eindrücke Revue passieren lassen.

Château Amboise

Das Château Amboise ist das nächste Ziel. Ein Schloss, welches zunächst eine Festung war und dann zum königlichen Schloss avancierte mit einer wechselvollen, teils schrecklichen Geschichte, vor allen Dingen während der französischen Religionskriege 1560.

König Karl VIII wurde im „alten", noch nicht umgebauten Schloss Amboise geboren und verstarb 1498 mit nur 28 Jahren im neu errichteten Schloss durch einen tragischen Unfall. Mit dem Kopf stieß er an einen Türsturz und verstarb nur wenig später.

Auf ihn geht eine Besonderheit des Schlosses zurück, und zwar die spiralförmige Reiterrampe in dem Turm Minimes oder auch Tour Cavalière genannt. Die Reiter konnten hier hoch zu Ross von der Loire bis auf den Turm reiten. Das Gegenstück zum Tour Minimes ist der Tour Heurtault. Wahrscheinlich hat das italienische Schloss von Urbino den König zu dieser Baumaßnahme inspiriert. Der Ausblick vom Turm auf die Loire ist phantastisch.

Die königlichen Gemächer im Schlossinnern sind wunderschön eingerichtet mit Stilmöbeln, Wandteppichen und zahlreichen Familiengemälden. Ein Rundgang lohnt sich sehr. Mit großem Respekt vor den damaligen Architekten bewundere ich das Palmengewölbe im Salle des Gardes Nobles. Nur eine einzige Säule trägt das jeweilige Segment.

Unter dem Schloss befindet sich ein Gewirr von unterirdischen Gängen und Gewölben, die nur mit einer Führung in kleinen Gruppen zu besichtigen sind. Ein Gang führt direkt in das unweit gelegene Manoir Clos Lucé, einem Herrensitz. Hier lebte Leonardo da Vinci von 1516-1519.

Der König wollte Leonardo da Vinci in seiner Nähe haben und quartierte ihn in Clos Lucé ein. So konnte er dem Universalgenie immer nahe sein.

Leonardo konstruierte hier viele technische Maschinen, Automobile, Flugmaschinen usw.
Etliche seiner Erfindungen sind in Clos Lucé im Modell ausgestellt.
Wie wir heute alle wissen, war Leonardo da Vinci um Jahrhunderte seiner Zeit voraus.

Bedeutende Weltfirmen haben Maschinen nach seinen Plänen entwickelt. Leonardo da Vinci war eben nicht nur der geniale Maler und Bildhauer, nein, er war außerdem Architekt, Konstrukteur, Ingenieur, Dichter. Seine Manuskripte verfasste er in Spiegelschrift, um diese vor Nacheiferern zu schützen. Wer jemals versucht hat in Spiegelschrift zu schreiben weiß, dass dies ebenfalls eine künstlerische Leistung ist. Leonardo da Vinci verstarb mit 67 Jahren in Clos Lucé.

Die Gärten des Chateau Amboise haben heute Parkcharakter. Angelegt wurden sie als erste überhaupt im italienischen Stil. Dies war für Frankreich eine Neuerung. Wo einst die Stiftskirche stand, steht heute eine Büste von Leonardo da Vinci. Sein Grab befindet sich in der Chapelle Saint Hubert auf dem Schlossgelände.

An Sommerabenden erinnern spektakuläre Aufführungen im Schloss an das Leben und Wirken von Leonardo da Vinci. Hunderte Statisten stellen das damalige Leben dar. Feuerspucker und

Gaukler treten auf bei dieser Licht-
und Tonaufführung, „Son et
Lumiere".

Amboise ist ein besonders lebhafter
Ort mit hübschen Cafés,
Geschäften und Hotels. Ich
besuche ein uriges Spezialitäten-
geschäft, welches in den Tuffstein
eingebettet ist. Unterschiedliche
Spezialitäten der Region gibt es zu
kosten. Hmmh, das Confit
d'Oignon, ein Genuss.

Eine besondere Spezialität des
Loiretals sind die Poires tapées á
l'ancienne, wörtlich übersetzt;
geklopfte Birnen nach alter Art.
Birnen (in einigen Gegenden auch
Äpfel) werden über einem
Holzkohlefeuer oder in einem
großen Backofen mehrere Tage
getrocknet, wobei sie einen Großteil
des Volumens verlieren. Danach
werden sie flachgedrückt und
gepresst. Durch das Einlegen in
Sirup oder Alkohol werden sie
haltbar gemacht. Eine sehr
aufwendige Arbeit und ein
eindruckvolles Mitbringsel für die
Daheimgeblieben. Die eingelegten
Birnen eignen sich u.a.

hervorragend zum Kochen und
Backen.

Wer in Amboise ist, sollte auch die
Pagode de Chanteloup besuchen.
Sie ist das einzige Gebäude,
welches vom alten Schloss
Chanteloup übrig blieb. Der Turm
wurde dem Zeitgeschmack
entsprechend im asiatischen Stil
errichtet. Die Aussicht von dem 44
m hohen Pagodenturm reicht bis
nach Tours.

Château Chenonceau

Kommen wir nach Chenonceau, am
Fluss Cher gelegen, bekannt als
das Damenschloss. Frauen und
deren Schicksale bestimmen die
Historie dieses Schlosses.
Königinnen, Mätressen, Witwen und
Ehefrauen waren die glücklichen
bzw. unglücklichen Bewohnerinnen
dieses Schlosses, erbaut auf den
Pfeilern einer alten Mühle.

Dieses Lustschloss hat vieles
erlebt. Rauschende Feste, Intrigen,
Eifersüchteleien, nachgestellte
Seeschlachten auf dem Cher,
durchtanzte Nächte.

Die erste in direktem Zusammenhang mit diesem Gebäude erwähnte Frau ist Cathérine Briconnet, die Ehefrau des Finanzministers. Sie beaufsichtigte im 16. Jahrhundert die Bauarbeiten. Ich stelle mir vor, dass dies für die damalige Zeit einer kleinen Sensation gleich kam.

König Heinrich II. schenkte seiner um 20 Jahre älteren Mätresse, der schönen Diane de Poitiers, das Schloss Chenonceau. Diane de Poitiers lebte sehr glücklich auf Chenonceau. Sie wurde allerdings sehr bald nach dem Tode von König Heinrich II. von dessen Witwe, Catherina von Medici, auf das Chateau Chaumont vertrieben. Diese entledigte sich so der Rivalin und hatte ihr Ziel erreicht. Sie liebte Prunk und Pomp und war nunmehr die Herrin von Schloss Chenonceau, das von ihr umgebaut und neu ausgestattet wurde.

Auf Diane de Poitiers geht das Projekt der über den Cher gebauten Galerie zurück. Die Galerie, ein auf Arkaden ruhender Tanzsaal über dem Fluss, ist 60 m lang, 6 m breit und vergrößerte so das ursprüngliche Schloss. Der Fußboden ist aus Tuffstein und Schiefer in schwarz-weiß gehalten.

Catherina von Medici ließ die Galerie um einen doppelgeschossigen Aufbau erweitern, und somit stellt sie eigentlich das heutige „Wahrzeichen" des Schlosses dar. Der Fluss Cher wurde beruhigt und kanalisiert, so dass das Wasser ohne Strömung oder Strudel ruhig dahinfließt, damit sich Schloss und Galerie immer in der Wasseroberfläche spiegeln können.

In dem Schloss samt der Galerie hat sich wirklich Freud und Leid abgespielt. Der Schlossherr ließ im 1. Weltkrieg das gesamte Gebäude in ein Lazarett umbauen. Im 2. Weltkrieg ging die Demarkationslinie genau durch die Galerie. Die Südtüre erlaubte den Zu- und Ausgang in die freie Zone, der Schlosseingang befand sich in der Besatzungszone.

Verlässt man das Schloss Chenonceau, erblickt man rechts den Garten von Diane de Poitiers und links den Garten der Catherina von Medici. Beides sind Renaissancegärten. In dem einen befindet sich in der Mitte ein Springbrunnen, im anderen ein Wasserbecken. Über 100.000 Pflanzen, die jahreszeitlich eingepflanzt werden, verleihen den Gärten ein anmutiges Aussehen. Es spiegelt sich eine gewisse Leichtigkeit in der Anordnung der

Beete wider. Ein wirkliches
„Damenschloss".

Gäste, die auch eine längere Zeit
auf dem Schloss verbracht haben,
waren die Philosophen Jean-
Jacques Rousseau und Voltaire. In
der heutigen Zeit wird Chateau
Chenonceau von ca. 1 Mio.
Besuchern jährlich besichtigt. Die
Geschichte des Chateau
Chenonceau hat einige Autoren
inspiriert, die Ränkespiele der
Damen in Romanen festzuhalten.

Das Château und die Gärten von
Villandry

Villandry verdankt seinen berühmen
Namen in erster Linie den Gärten.
Sie werden mit Superlativen wie
„Die schönsten Gärten
Frankreichs", „Meisterwerke der
Gartenkunst" und „Allegorische
Ziergärten" belegt. Zu Recht.

Der Garten ist in drei Etagen
angelegt. Die oberste ist der
Wassergarten. Hier befindet sich
ein sehr schöner Weiher, der

außerdem als Wasserspeicher
dient.

Auf den beiden anderen Etagen
befinden sich Ziergärten. Der
Blumengarten, die mittlere Etage,
ist in seiner Art wohl einmalig.
Die Beete sind in geometrischen
Formen angelegt, die von
Buchsbaumhecken begrenzt
werden. Die entstehenden
Zwischenräume werden mit
Blumenrabatten ausgefüllt.

 Die Beete stellen das Basken-,
Languedoc- und Malteserkreuz dar.
Der Liebesgarten besteht aus vielen
Herzen.

In der unteren Etage finden wir den
berühmten Gemüsegarten.
Verschiedene Gemüsesorten
werden zu bunten Farbmustern
arrangiert. Die Beete sind in
gleichgroßen Quadraten im
dekorativen Schachbrettmuster
angelegt und mit
verschiedenfarbigen Kohlsorten
sowie Heil– und Küchenkräutern
bepflanzt.

Ein prächtiger Laubengang mit Wein bewachsen bietet an heißen Sommertagen herrlichen Schatten. Auf einem Kanal ziehen weiße Schwäne ihre Bahnen. Rosenbögen mit herrlichen Rosen lockern das Bild auf.

Insgesamt beträgt die Länge der einfassenden Buchsbaumhecken über 50 km. Ich hatte Glück und konnte den Gärtnern bei der Schneidearbeit zusehen. Fast schon Akrobatik. Auf den Hecken liegend mit langen Schneidklingen an den Gartenscheren erhielten die Buchsbäume ihren Einheitsschnitt.

Diese prachtvollen Beete entfalten ihre ganze Formgebung am besten bei einem Blick vom oberen Schlossturm oder der Terrasse aus. Hier können Sie sich auch erfreuen an großen Oleanderbüschen in ausgefallenen Farbnuancen.

Anfang Juli eines jeden Jahres findet die nuit des mille feux statt. Zu diesem Anlass wird der Park nur mit Kerzen beleuchtet. Welch ein Schauspiel.

Vom ursprünglichen Schloss ist nur noch der Donjon vorhanden. Im Wassergraben schwimmen Karpfen und warten darauf gefüttert zu werden. Im Jahre 1906 kaufte der spanische Arzt Dr. Carvallo das Schloss und die Gärten. Die Familie Carvallo bemühte sich, den Gesamtkomplex wieder in den Originalzustand zu versetzen. Nur ihm ist es zu verdanken, dass wir uns an dieser außergewöhnlichen Gartenanlage erfreuen können. Das Anwesen ist immer noch in Familienbesitz und wird vom Enkel im Sinne der Familie Carvallo weitergeführt.

Das Schlossinnere ist mit spanischen Möbeln ausgestattet. Herrliche Gemälde sind zu besichtigen. Aus dem Schlafzimmer der Madame Carvallo bietet sich ein schöner Blick auf die Gärten. Sehenswert auch die Kassettendecke aus Toledo mit maurischen Motiven.

Château Azay-le-Rideau

Azay le Rideau ist von einem Arm
des Indre umgeben.
Balzac nannte das Schloss einst
einen geschliffenen Diamanten.
In alten Zeiten hatte es den
Beinamen „le Brûlé", das soviel
heißt wie das Verbrannte. Hierzu
die folgende tragische Geschichte:
Charles VII fühlte sich 1418 durch
die Burgunder Garnison gekränkt
und ließ den Ort und das Schloss
zur Strafe niederbrennen. Es
kamen dabei hunderte Menschen
zu Tode.

Von dem königlichen Schatzmeister
Gilles Berthelot wurde das Schloss
in der Zeit von 1518 – 1527 wieder
aufgebaut. Die Bauarbeiten wurden
von seiner Ehefrau Philippa
Lesbahy beaufsichtigt. Zu Reichtum
gekommen, wollte er nun selbst in
den Adelsstand erhoben werden.
Berthelot verstrickte sich jedoch in
Schwierigkeiten und musste fliehen.
König Franz I. nahm Azay-le-
Rideau daraufhin in seinen Besitz.

1870 hätte beinahe Azay-le-Rideau
das gleiche Schicksal der
Zerstörung nochmals ereilt.
Während Prinz Friedrich Karl von
Preußen im Schloss weilte, fiel im
Festsaal ein Kronleuchter direkt vor
ihm auf den Tisch. Äußerst
aufgeregt vermutete er sofort einen
Anschlag auf sein Leben. Doch
diese Geschichte ging zum Glück
gut aus.

Mit seinen spitzen Türmen und dem hohen Dach weist es eine markante Silhouette auf. Der innere Dachstuhl sieht in der Anordnung der Holzbalken wie ein auf dem Kopf gestellter Schiffsrumpf aus.

Fast gotisch anmutend ist es aber ein Renaissanceschloss. Betrachten Sie den Eingangsbereich. Das Portal und die Fensteröffnungen sind reich verziert. Auch hier Salamander und Hermelin, die Wappentiere von Franz I. und seiner Ehefrau Claudia.

Etwas Besonderes ist das Gewölbe mit den Verzierungen oberhalb des dreistöckigen Treppenaufgangs mit seinen Kassettendecken und dem üppig verzierten Sockel. Während des Betrachtens bitte auf der Treppe stehen bleiben, sonst droht Sturzgefahr!

In einem Raum sind Modelleisenbahnen aufgebaut, beginnend mit Modellen von 1890 nach dem Motto „Spielzeug von früher – Träume von heute", „Jouets d'autrefois, rêves d'aujourd'hui". Mit einigen alten Spielzeugen durfte auf ausdrücklichen Wunsch der Aussteller gespielt werden. Von Alt und Jung wurde dieses Angebot gerne angenommen.

Château und Festung Chinon

Chinon ist die Stadt der Kunst, der Geschichte und der Museen, die Stadt des großen französische Dichters Rabelais, gelegen an der Vienne.

Auf dem Kalksteinplateau erhebt sich die Burg und die Festung. Diese Stelle war nachweislich im 7. Jahrhundert vor unserer Zeitrechnung, also in der Eisenzeit, bereits bewohnt.

Die mittelalterliche Festung ist fast vollständig zur Ruine verkommen. Sie besteht aus drei Teilen, links dem Fort du Coudray, in der Mitte die Burg und der Uhrenturm, wo noch einige Räumlichkeiten zu besichtigen sind, und rechts dem geschleiften Fort St. Georges. Die drei Teile waren durch breite Gräben voneinander getrennt.

Von der Südmauer aus hat man einen hervorragenden Ausblick auf das Städtchen, die Brücke und die Vienne. Umgekehrt sieht man die Ausmaße der Festung und Burg natürlich besonders eindrucksvoll vom gegenüberliegenden Ufer aus.

Chinon ist die Stadt des berühmten französischen Dichters Francois Rabelais, 1494-1553. Ihm begegnet man auf Schritt und Tritt. Sein Geburtshaus steht in La Devinière und ist zu besichtigen. Ein Museum über das Leben und Werk des Dichters ist selbstverständlich vorhanden.

Chinon ist ein berühmter Weinort. Ein besonders guter Wein trägt den Namen Chinon und wird aus der Cabernet-Franc-Traube gekeltert. Zahlreiche Messen und Märkte finden während des Jahres statt, z.B. im Monat April ein Weinmarkt bzw. eine Weinausstellung. Ein mittelalterlicher Markt findet im August statt, wo Schauspieler in historischen Kostümen auftreten und das damalige Leben wiedergeben. Das mittelalterliche Stadtzentrum war die Grand Carroi (Große Kreuzung), wo sich die Hauptachsen der Stadt kreuzten. Im Office de Tourisme erhält man einen detaillierten Stadtplan sowie den Veranstaltungskalender.

Des weiteren findet man ein Museum des Weins, der Böttcher, ein Volkskundemuseum, ein Museum der Stadtgeschichte und der Flussschifffahrt. Für interessierte Besucher stehen die

Innenhöfe der alten Häuser
während des Rabelaismarktes zur
Besichtigung offen.

Der historische Ortskern besteht
aus Häusern des 12.,15. und 17.
Jahrhunderts und steht seit 1968
unter Denkmalschutz.. Betrachten
Sie die einmaligen Fassaden
genau. Viele Details sind erhalten
geblieben, z.B. geschnitzte
Konsolen, Türmchen, Gesichter,
Wappen und Statuen. Besonders
schön erhalten ist das Maison
Rouge.

Das Städtchen hat sehr enge
Straßen und ist deshalb im Sommer
eine Fußgängerzone. Ausreichende
Parkmöglichkeiten bestehen am
Ufer der Vienne.

Im Hang, nordöstlich der Kirche St.
Mexme, liegt die Felsenkapelle der
Heiligen Radegunde. Die Kapelle
kann nur über einen Fußweg
erreicht werden. Der Sage nach
lebte dort ein Eremit. Radegunde
wandte sich an ihn, da sie den Hof
verlassen wollte und bat ihn um
seinen Rat. Sie beabsichtigte, ein
Kloster in Poitiers zu gründen. Die
Zelle des Eremiten wurde zur

Kapelle ausgebaut, in der sich auch sein Grab befindet.

Am 9.3.1429 machte Jeanne d'Arc in Chinon dem späteren König Karl VII ihre Aufwartung. Sie musste sich einer Prüfung unterziehen, der sie glänzend standhielt. Das beeindruckende Reiterstandbild, ein Pferd im Galopp mit wehender Mähne, erinnert an ihre Anwesenheit.

Burg Langeais

Die Nationalstraße nach Langeais verläuft direkt neben dem Loiredeich. Wenn man mit dem Fahrrad fährt, radelt man auf dem Deich. Von dort aus hat man die schönste Sicht auf den Fluss. Die Nationalstraße ist sehr stark befahren, da viele PKW's und LKW's die Autobahngebühr umgehen. Als Fahrer kann man die Loire nicht wirklich genießen.

Die Burg ist erbaut von Ludwig XI.
1465 – 1469. Sie macht einen
ausgesprochen wehrhaften
Eindruck. Wie ein Bollwerk steht sie
inmitten der kleinen Häuser von
Langeais. Ihre Rundtürme, Zinnen,
die Ziehbrücke, alles von einer
Mauer umgeben, sollte es den
Angreifern schwer machen, hier
einzufallen.

Langeais wurde erbaut zur Abwehr der Angreifer aus der Bretagne. Das Schicksal nahm aber eine andere Wende durch die Heirat der Anne de Bretagne mit Karl VIII. Damit fiel diese Bedrohung Gott sei Dank weg.

Das Besondere an der Burg ist, dass die Räumlichkeiten bis heute unverändert sind. Die Innenausstattung des Schlosses ist noch im Original mit sehr geschmackvollem Mobiliar im Stil des 15. Jahrhunderts ausgestattet, also zu Beginn der Renaissance.

Für Gesprächsstoff sorgt auch heute noch das Brautkleid der Anne de Bretagne, aus Goldtuch gewebt und mit Goldreliefarbeiten bestickt. Etliche Schneiderinnen arbeiteten an der Fertigstellung. Das Kleid war sehr aufwendig mit wertvollen Zobelfellen gefüttert. Die Hochzeitstruhe steht zur Besichtigung im Hochzeitssaal, dem Salle des mariages. Annes Leben war von schweren Schicksalsschlägen geprägt, sie verstarb kurz vor ihrem 37. Geburtstag in Blois.

Das Schlafzimmer Karls VIII beherbergt eine Uhr, die nur einen Zeiger hat. Zur damaligen Zeit zählte man nur die Stunden. Dies gefällt mir ausgesprochen gut und wäre zur Reduzierung der Hektik in unserem heutigen Alltag ein Verbesserungsvorschlag.

Langeais gehört noch zur Touraine, fast schon zum Anjou. Es zählt 3.860 Einwohner. Die Häuser drängen sich dicht um die Burg. Am Ende der Einkaufsstraße lohnt sich ein Blick auf die Burg, die von hier aus besonders wehrhaft aussieht.

Viele Cafés und kleine Geschäfte machen Langeais zu einem gemütlichen Ort. Eine Spezialität aus Langeais sind Kirschen in kandiertem Maronenteig. Der Sonntagsmarkt ist eine Besonderheit, auf dem auch lebende Tiere wie Hühner, Kaninchen, Tauben und Wachteln verkauft werden. Vielfältig ist das Angebot an Obst und Gemüse. Ich bummele über den Markt und schaue mir die bunten Tücher, Pullover, Schuhe und Taschen an. Eine weinrote Umhängetasche

gefällt mir besonders gut und nach
kurzem Handel gehört sie mir.

Rigny-Ussé, das
Dornröschenschloß

Dies ist wirklich ein
Märchenschloss. Das Schloss von
Dornröschen am Rande eines
Waldes inmitten des Indre-Tales.
Der französische Dichter Charles
Perrault schrieb hier seine
Dornröschengeschichte, la belle au
bois dormant.

Hessische Kinder aus
hugenottischen Familien sollen den
Gebrüdern Grimm einige
Geschichten erzählt haben, die
ursprünglich aus Frankreich
stammten. Ob das Märchen von
Dornröschen auch dazu gehört,
kann nicht erwiesen werden. Hierzu
gehen die Meinungen auseinander.

Die komplette Geschichte von
Dornröschen ist im Turm mit
Wachsfiguren nachgestellt.
Besonders für Kinder ein tolles
Erlebnis, wenngleich die

Erwachsenen auch ihre Freude an den Szenen haben.

Das Schloss Ussé stammt aus dem 15. und 16. Jahrhundert, und wurde auf den Grundmauern einer Festung aus dem 11. Jahrhundert errichtet.

Im Laufe der Jahre prägten verschiedene Schlossherren das Schloss durch unterschiedliche Baustile wie Gotik, Renaissance und Klassizismus. Das macht das Schloss einzigartig.

Im 17. Jahrhundert ließ man den Nordflügel sogar abreißen, um einen ungehinderten Blick in das Indre- bzw. Loiretal zu haben. Einen wunderschönen Blick auf das Schloss hat man vom Ufer des Indre aus.

Ussé ist aus weißem Stein erbaut und hat etliche Türme, Dächer, und Glockentürmchen, alle mit Schiefer gedeckt. Es sieht total verspielt aus. Das Schlosses befindet sich in Privatbesitz und wird teilweise von der Familie bewohnt. Dieser Teil ist abgetrennt und nicht für Besucher zugänglich.

Die zu besichtigenden Räume sind prunkvoll ausgestattet mit

Seidentapeten, wertvollen und im Original erhaltenen Möbeln und Gemälden. Das königliche Zimmer, la chambre du Roi, welches für den König reserviert war, ist leider niemals benutzt worden. Dazu muss ausgeführt werden, dass die prunkvollen Schlösser immer ein besonders gut ausgestattetes Zimmer für den König reserviert hielten, eben das sog. Königszimmer. Doch nicht allen Schlössern wurde die große Ehre zuteil, auch wirklich den König beherbergen zu dürfen.

Das große Himmelbett für den König und ein herrliches italienisches Schreibkabinett aus Ebenholz mit Einlegearbeiten aus Elfenbein und Perlmutt sind nur einige Prachtstücke, die ich erwähnen möchte. Im Salle des gardes, dem Waffensaal, ist eine interessante Sammlung orientalischer Waffen und eine eindrucksvolle Deckenverzierung zu besichtigen.

Im Laufe seiner Geschichte wechselte das Schloss oftmals den Besitzer. Berühmte Besucher waren Voltaire und Chateaubriand.

Der Donjon und die Stiftskirche befinden sich außerhalb des Schlosses, umgeben von großen Zedernbäumen . Der Garten ist in mehreren Terrassen angelegt, sehr gepflegt und anmutig. Eben zu Dornröschen passend. Gesäumt wird die Gartenanlage von vielen Orangenbäumchen.

Im Schutze des Pavillons steht ein großer Feigenbaum. Über und über behangen mit sehr reifen Früchten. Hier habe ich die leckersten Feigen genascht. Paradiesische Zustände. Seitdem haben für mich die zu Hause gekauften Feigen keinen Geschmack mehr.

Saumur

Es wird Zeit, ein neues Domizil zu suchen, um die Schlösser des unteren Loirelaufes zu erkunden. Die Wahl fällt auf Saumur mit seinen ca. 30.000 Einwohnern. Saumur gehört zum Departement Maine et Loire und ist ein Teil des Anjou, dem großen Weinanbaugebiet. Hier gedeihen

die Reben für herrliche Weiß-Rosé-
und Rotweine, Perl- und
Likörweine. Saumur , die Stadt des
Pferdes und die Hauptstadt des
Schaumweines, wird auch die Perle
des Anjou genannt. Dieses
Kompliment kann die Stadt wirklich
für sich in Anspruch nehmen.

Saumur ist sozusagen unterteilt durch eine Insel, die Ile d' Offard. Der alte historische Ortskern befindet sich auf dem linken Ufer. Auf der Ile d' Offard gibt es einige Hotels, von denen man einen zauberhaften Blick auf das Schloss mit seinen 4 gewaltigen Türmen und die Loire hat.

Mein Zimmer hat natürlich Vue de la Loire, soviel Luxus muss sein. Beim Zubettgehen und Aufstehen gleich die Burg zu sehen, ist ein Erlebnis. Hoch über dem Fluss thront sie wie eine weiße Perle. Ob Saumur wohl deshalb die Perle des Anjou genannt wird? Auf dem Balkon des Hotels stehend, habe ich endlich einen Eisvogel in natura gesehen. Er flog in knapp 1 m Entfernung an mir vorbei und sieht wirklich wie ein fliegender Smaragd aus.

Wenn der Morgen graut und noch leichter Nebel über dem Fluss liegt, kann ich von meinem Zimmer aus zwei Fischer beobachten, wie sie angelnd in ihren Booten stehen. Ob sie heute einen guten Fang machen?

Eine Brücke verbindet die Ile d'Offard mit der Stadt. Abends sind alle Brückenbögen dezent beleuchtet. Sehr romantisch. Die engen Straßen mit ihren Fachwerkhäusern und kleinen Plätzen, auf denen man nach einem guten Abendessen ein Eau de Vie genießt, geben dem Ort sehr viel Atmosphäre .

Der bauliche Ursprung der Burg geht auf das 11. Jahrhundert zurück. Damals wurde an dieser Stelle ein Kloster gegründet. Anfang des 13. Jahrhunderts konnte das Anjou von den Engländern zurückerobert werden. Zwei Festungen wurden daraufhin am Ufer der Loire errichtet, Angers um 1230 und Saumur. Mehrfach wurde das Schloß zerstört und wieder aufgebaut.

Es hat eine lebhafte Vergangenheit, war Residenz, Gefängnis, Kaserne. Heute beherbergt es ein Museum. Leider wurde es während der Zeit meines Aufenthaltes immer noch saniert, und ich musste mich zufrieden geben mit der Außenansicht

Die Kirche St. Pierre ist ein
gotischer Bau im Plantagênet Stil,
dagegen ist die Kirche Notre Dame
du Nantilly, die älteste Kirche von
Saumur aus dem 12. Jahrhundert,
eine romanische Kirche. Der
Kirchturm von St. Pierre erinnert
mich allerdings an eine Pickelhaube
und prägt das Stadtbild von
Saumur. Im Inneren befindet sich
eine wunderschöne Barockorgel,

auf der nach wie vor Konzerte gegeben werden.

Ein Teil des Rathauses, dem Hôtel de Ville, stammt aus dem 16. Jahrhundert und gehörte früher als Brückenkopf zur Stadtbefestigung. Gehen Sie durch die Toreinfahrt hindurch und schauen Sie sich die hintere Hofansicht an.

In der Nähe ist ebenfalls das Touristenbüro. Dem angeschlossen finden Sie das Maison du Vin. Probieren Sie die reiche Auswahl der zwischen Angers und Saumur produzierten Weiß- Rot- und Roséweine.

Rund um Saumur befindet sich der weiche Tuffstein. Hier hinein wurden etliche Wohnungen in den Stein gehauen, die sog. Troglodyten. Das Handelszentrum für Schaumweine ist in einer solchen Höhlenkellerei angesiedelt und kann besichtigt werden.

Ein hoher Prozentsatz der Champignons de Paris wird um Saumur in den Tuffsteinhöhlen gezüchtet. Durch die gleichbleibende Temperatur von 12-

15°C findet die Champignonszucht ideale Bedingungen vor. Ein Besuch in einer Champignonnière evtl. verbunden mit der Verkostung der im Backofen gebackenen Spezialität „Galipettes" sollten Sie sich nicht entgehen lassen.

Bei diesem Thema nehme ich die Gelegenheit wahr auszuführen, dass die „champignons de paris" in Frankreich der deutschen Bezeichnung „Champignons" entsprechen. Mit dem Begriff „Champignons" sind alle Pilzsorten gemeint.

Saumur hat viele Gesichter und bietet für jeden etwas an. Egal ob Kanufahrten auf der Loire und dem Thouet, Kutschfahrten durch das alte Saumur, Radfahren in der Umgebung, Reiten oder Angeln.

Eine Spazierfahrt mit den alten Holzschiffen, den Toue, ist sehr zu empfehlen. Heute wird das Schiff allerdings nicht mehr wie in alten Zeiten getreidelt, sondern ein Motor treibt das Schiff an. Wir fahren gemächlich über die Loire. Die Zweige der Trauerweiden hängen tief bis ins Wasser hinein. Die Fahrt

geht vorbei an etlichen
Sandbänken, auf denen sich
hunderte Wasservögel aufhalten.

Teilweise ist hier die Loire fast
1.000 m breit. Wir gleiten nun leise
tuckernd an vielen Hausbooten
vorbei und winken den Besitzern
zu. Langsam fahren wir in einen
Nebenfluss der Loire, den Thouet,
hinein. Jetzt ist nur noch das
Gezwitscher der Vögel zu hören.
Der Alltag mit seinen Geräuschen
ist für eine Stunde weit weg.

Cadre Noir de Saumur

Was wäre Saumur ohne den Cadre
Noir de Saumur? Sie ist d i e Ecole
Nationale d'Equitation.1815 wurde
sie von König Ludwig XVIII
gegründet als militärische
Einrichtung zur Reitausbildung der
Soldaten. Zivile Lehrer, die sich von
militärischen Lehrern unterscheiden
wollten, wählten für ihre Uniform die
Farbe schwarz, daher Cadre Noir.
Seit 1972 ist der Cadre Noir eine
zivile Einrichtung und untersteht
dem Sportministerium. Beteiligt sind
ebenfalls das

Landwirtschaftsministerium und das Verteidigungsministerium.

Gelehrt wird die Kunst der Hohen Reitschule. Das Pendant zur Wiener Hofreitschule. Der Cadre Noir hat nicht die Aufgabe, ein Gestüt zu sein, sondern ist eine Reituni für Studenten. Eine Besichtigung ist möglich und wurde von mir auch vorgenommen. Wann kann man so edlen Tieren so nahe sein?

Die Führung umfasst nicht nur die Pferdeställe und das Trainingscarrée , sondern auch den „Pferde-Wellness-Bereich". Jedes Pferd arbeitet 1 Stunde pro Tag. Danach wird es geduscht und im Winter gibt es zusätzlich ein Bad im „Solarium".

Der Cadre Noir ist eine hoch interessante Anlage. Viele Menschen aus der Region finden hier Arbeit. U.a. ist sie eine der modernsten Tierkliniken in Europa. 60 Stallknechte kümmern sich um das gesundheitliche Wohl der Tiere. Die Hufeisen der 400 –500 Pferde müssen spätestens alle 40 Tage von den insgesamt 5 Hufschmieden erneuert werden.

Zu den Vorstellungen werden die Pferde besonders herausgeputzt. Die Mähne wird mit einem farbigen Band geflochten und der Schweif mit dem gleichfarbigen Band hochgebunden. Das Zaumzeug dazu passend. Die Reiter in ihren prachtvollen Uniformen und die geschmückten Pferde sind ein tolles Paar. Die Reiter verfügen über ein hohes reiterliches Können in einer Perfektion, die nur wenigen vorbehalten ist.

Der schwerste Sprung, für den die Pferde mehrere Jahre hart trainieren müssen, ist die Kapriole. Hierbei springt das Pferd senkrecht in die Luft, zieht dabei die Vorderbeine an den Körper heran und schlägt gleichzeitig mit den Hinterbeinen kräftig aus. Der schwere Körper befindet sich dann waagerecht in der Luft. Die Übung endet mit einer Landung auf allen Vieren gleichzeitig. Die Kapriole ist eine Kombination aus dem Sprung Courbette und Croupade. Eine echte Herausforderung für Pferd und Trainer.

Château Montsoreau

Das etwas andere Schloss in der Umgebung von Saumur ist das Château Montsoreau. Gelegen am Schnittpunkt zwischen Anjou, Poitou und Touraine.

Dieses Schloss gefällt mir ganz besonders gut. Es wurde auf den Ruinen eines Castrums aus dem 11. Jahrhundert um 1450 neu erbaut. Anfang des 16. Jahrhunderts wird es erweitert, verfällt aber im Laufe der Zeit und wird sogar als Steinbruch verwendet. Eine schreckliche Vorstellung. 1923 wird Montsoreau restauriert und ist seit kurzem von der UNESCO zum Weltkulturerbe ernannt worden .

Im Hof des Schlosses Montsoreau ist ein Originalschiff, ein Toue, mit aufgespanntem Segel, ausgestellt. Jetzt kann ich mir lebhaft die Schifffahrt auf der Loire vorstellen mit den Frachtkähnen, die die unterschiedlichsten Ladungen transportierten. Verladen wurden Salze, Weizen, Weine, Holz, Eisen, Kohle, Tuff, Wolle. Des weiteren Hanf für die ansässigen Seilereien und Flachs zur Herstellung von Segeltuch.

Im Kellergeschoss beginnt der Rundgang mit der ersten Installation, einer Darstellung des Flusslaufes der Loire. In dem abgedunkelten Kellergewölbe vermitteln die Lichteffekte das Fließen des Wassers sehr realistisch.

Im weiteren Verlauf des Rundganges trifft man den französischen Autor Alexandre Dumas. Er hat Montsoreau unsterblich gemacht durch seinen Roman „Die Dame von Montsoreau." In einer gelungenen Filminstallation werden hier die Hauptpersonen wieder lebendig und diskutieren jede für sich mit dem Autor .Es geht dabei um das alte Thema Liebe, Eifersucht und Mord. Ein gelungener Einfall, der mir sehr gut gefallen hat. Eindrucksvoll ist die Kleidung der Hauptpersonen aus dieser Zeitepoche.

Des weiteren zeigt eine Multimediaschau die Loire im Wandel der vier Jahreszeiten. Im

Frühling das zarte Grün des Ufers, im Sommer den Fluss mit seinen Sandbänken, im Herbst die Gelbfärbung des Laubes und der gewaltige breite Strom im Winter mit seinem erhöhten Wasserstand, der für die Anrainer erhebliche Probleme darstellen kann. Eine gelungene Filmdokumentation.

Vom Dach des Schlosses hat man einen wunderbaren Ausblick auf die Loire, allerdings auch auf ein Atomkraftwerk. Dies trübt für mich ein wenig die Schönheit der Landschaft. Ein Besuch des kleinen Ortes Montsoreau ist zu empfehlen. Die Restaurants machen mit ihren rebenüberwachsenen Terrassen einen einladenden Eindruck.

Das obige Foto zeigt den Blick von
der Dachterrasse auf den
Zusammenfluss von Loire und
Vienne. Unterhalb des Schlosses
Montsoreau, auf der Insel Parney,
brüten von März bis Ende Juni über
750 Vogelpaare. Die Insel ist in der
Zeit geschützt und darf nicht
betreten werden. Für Vogelkundler
ein Paradies. Ich konnte
beobachten, wie vor einem
herannahenden Gewitter große

Gruppen Gänse davonflogen.
Geschätzt an die hundert Tiere.
Nachdem das Gewitter vorüber war,
kehrten alle wieder zurück.

Château Montreuil Bellay

Der nächste Besuch gilt dem
Château Montreuil-Bellay. In der
Zeit von 12.00 bis 14.00 Uhr ist das
Schloss allerdings nicht zu
besichtigen.

Deshalb bei der Tagesplanung
darauf achten, wann man in
Montreuil-Bellay ankommt.
Restaurants, die ihre Plat du jour
anbieten, trösten jedoch über die
Mittagspause hinweg.

Montreuil-Bellay ist eine imposante
Festung im Tal des Thouet und
wurde etwa 1025 erbaut, ausgebaut
im 15. Jahrhundert. Man tritt durch
den Vortorbau ein und überquert als
erstes eine Brücke über den
Wassergraben. Von dem
terrassenförmig angelegten
Schlosshof und Park aus, der in
Stufen bis zum Fluss hinabfällt,
betritt man die verschiedenen
Gebäudekomplexe. Der Schlosshof

wird von einem begehbaren Mauerring mit 13 Türmchen umfasst.

Beginnen wir mit der Besichtigung in der Küche. Diese Küche hat eine pyramidale Wölbung, einen großen zentralen Kamin und wäre heute durchaus funktionsfähig. Der große Kohleofen aus dem 18. Jahrhundert mit seinen sieben Feuerstellen lädt geradezu zum Kochen ein.

Daran schließen sich direkt die Wohnhäuser der Stiftsherren an. Hier hatte jeder Stiftsherr sein eigenes Wohnhaus mit je einem eigenen Treppenturm, was recht ungewöhnlich war. Die Wohnhäuser sind identisch in ihrer Bauweise. Eine bemerkenswerte Besonderheit sind die eingerichteten Badestuben. Jedes Wohnhaus verfügt zudem über eine eigene Vorratskammer. Die vier Herrenhäuser sind ein schönes Ensemble.

Das Château selbst ist sehr elegant möbliert , u.a. sind Möbelstücke mit seltenen Einlegearbeiten aus Kupfer und Schildpatt zu bestaunen. Die Kapelle ist mit Wand- und Gewölbemalereien aus der zweiten Hälfte des 15. Jahrhunderts verziert. Der Salon de Musique ist einfach charmant. Nicht alle Räume sind begehbar, aber zumindest vom Eingang her zu besichtigen.

Die Kellerräume stehen in dem Ruf, viele feucht-fröhliche Gelage erlebt zu haben. Der Geschichte nach wurde die Brüderschaft „Sacavins" 1904 von dem Besitzer des Schlosses, Georges de Grandmaison, hier gegründet um den Wein des Anjou bekannt zu machen.

Wie Sie sicherlich bis hierher feststellen konnten, gleicht kein Schloss dem anderen. Jedes ist einmalig mit seinen Sehenswürdigkeiten und Ausstellungsstücken. Als nächstes steht nun das Château de Brézé an. Dieses Schloss bietet eine Besonderhelt: Le Château sous lc Château. Lassen Sie sich überraschen.

Château de Brézé

9 km südlich von Saumur befindet sich das Château de Brézé, aus weißem Tuffstein erbaut, inmitten großer Weinfelder.

Als erstes fällt der große Trockengraben auf. Er ist über 15 m tief und 13 m breit. Hier steht man vor dem Schloss de Brézé mit der größten unterirdischen Festungsanlage in Europa, einem wirklich troglodytischen Schloss, vermutlich aus dem 9. Jahrhundert. Die Temperatur in dem unterirdischen Schloss beträgt konstant 12° C. Eine Strickjacke wäre empfehlenswert.

Die Reste einer Brücke aus früherer Zeit überspannen noch den Trockengraben. Mich schaudert es bei dem Gedanken, die Brücke in dieser Höhe überqueren zu müssen. Der damalige Eingang in das Schloss ist zugemauert.

Noch heute sind die Rätsel, die das unterirdische Schloss betreffen, ungelöst. Genau weiß man nur, dass die Familie de Brézé unter der Erde gelebt hat.

Erst im 15. Jahrhundert errichtete man das oberirdische Château. Verwendet wurden Steine aus den unterirdischen Steinbrüchen. Jahrhunderte war das unterirdische Schloss verschüttet bevor es wieder freigelegt wurde.

Das unterirdische Schloss ist äußerst weitläufig, mit einem Labyrinth aus Stollen und Gängen, Vorratskammern, Küchen, Backstuben und einem Raum, der der Seidenraupenzucht diente. Heute noch ist die Seidenraupenzucht zu besichtigen.

Selbst eine kleine Garnison des protestantischen Grand Condé lagerte hier mit ca. 500 Mann während der Religionskriege. In den Stollen waren Ställe für Pferde und Vieh vorhanden. Ein ausgeklügeltes Verteidigungssystem mit einer unterirdischen Zugbrücke schützte das Schloss vor eindringenden Feinden.

Die unterirdische Bäckerei beweist eine einmalige Nutzung der Energie. Die Wärme der Öfen wurde auch zum Gehen des Brotteiges und zur Zucht von Seidenraupen verwendet. Die Nahrung der Seidenraupen, die Maulbeerbäume, wuchsen im Loiretal.

Um eine bessere Vorstellung der unterirdischen Vorgänge zu bekommen, bieten die Bilderdome, „Les Cathédrales d'images" Bilder an, die mit Musik unterlegt sind.

Ich möchte nicht unerwähnt lassen, dass ältere oder gehbehinderte Besucher in den unterirdischen Räumlichkeiten Probleme bekommen könnten. Auch klaustrophobische Menschen oder Menschen mit Höhenangst sollten den Besuch des unterirdischen Schlosses für sich abwägen.

Das oberirdische Schloss hat viel Schönes zu bieten und lädt zum Entdecken ein. Die Wohnräume sind mit interessantem Mobiliar ausgestattet. Es lohnt ein Rundgang. Am Ende der Besichtigung können Sie den Wein aus dem Weingut der Familien de Brézé und de Colbert sowie die Produkte der Region einkaufen.

Zoo, Rosengarten und
troglodytische Dörfer in Doué-la-
Fontaine

In Doué-la-Fontaine befindet sich
zwar keines der berühmten
Schlösser, dafür ist der Ort etwas
besonderes und sollte auch an
dieser Stelle erwähnt werden.
Gleich drei Gründe haben ihn über
die Grenzen von Frankreich hinaus
bekannt gemacht.

1. Doué-la-Fontaine liegt auf
   einem Plateau aus
   Muschelkalk
   mit vielen Höhlen. Die Höhlen
   sind aber nicht in den Hang
   geschlagen, wie dies an der
   Loire der Fall ist, sondern in
   den Boden hineingegraben.
   Wer einmal in Süd-Tunesien
   war, hat dies auch in dem Ort
   Matmata kennen gelernt.-
   Nur die Schornsteine der
   Öfen und Feuerstellen ragen
   aus dem Boden heraus und
   sind das einzige sichtbare
   Zeichen der
   Höhlenwohnungen. Sie
   können die beiden Orte
   Village troglodytique de
   Louresse-Rochemenier und

Maisons troglodytiques de Forges besichtigen.

2. Der Zoo von Doué la Fontaine hat sich die einmalige Lage eines Muschelkalksteinbruchs zu Nutze gemacht und einen faszinierenden Park mit Grotten, Höhlen und Tunnels für die Tiere eingerichtet. Die Menschen können die Tiere in ihrem natürlichen Lebensraum bewundern. Außerdem kümmert sich der Zoo von Doué-la-Fontaine um die Arterhaltung der vom Aussterben bedrohten Tierarten. Es leben ca. 600 Tiere im Zoo von Doué-la-Fontaine.

3. Les Chemins de la Rose, ein prachtvoller Rosengarten, in dem auf 5 ha mehrere tausend Rosen angepflanzt sind. Die Rosen stammen aus der ganzen Welt. Hier kann der Rosenfreund schwelgen. Ob es sich um die Damaszener Rose oder die China-Rose handelt, hier

findet man hunderte verschiedener Arten. Alles in einem schön angelegten Garten mit großen Rosenrabatten sowie überbordenden Rosen an Laubengängen und Rosenbögen. Teiche und Rasenflächen lockern das Bild auf. Es laden auf den Wiesen Sonnenliegen zum Ausruhen ein. In der Luft liegt ein zarter Rosenduft.

Den Rosenduft können Sie, wenn Sie wollen, mit nach Hause
nehmen. In dem weißen Haus, erbaut im französischen Kolonialstil, findet man Rosenwasser für die Wäsche, Seifen, Rosenblütengelee und viele andere Dinge rund um die Rose.

Für Rosenliebhaber gibt es einen besonderen Service. Eine mitgebrachte unbekannte Rose kann an Ort und Stelle identifiziert werden.

Die Abtei Fontevraud.

Die Abtei Fontevraud ist eine wunderschöne, riesige Klosteranlage, 20 km südöstlich von Saumur gelegen. Sie ist eines der wichtigsten Klöster in Frankreich.

Die Gründung kam im 11. Jh. unter dem Gesichtspunkt zustande, dass an ein und demselben Ort in verschiedenen Bereichen Nonnen (St. Marien) und Laienschwestern (St. Magdalena), Mönche, Priester und Laienbrüder (St. Johannes), Kranke (St. Benedikt) und Aussätzige (St. Lazarus) zusammen lebten.

Jede einzelne Gruppe lebte für sich und war streng von der anderen getrennt. Daher gab es für jeden Bereich eine Kirche mit Kreuzgang, Speise- und Schlafsaal und eine Küche. In den klösterlichen Gärten wurden die Heilkräuter zur medizinischen Behandlung der Kranken und Aussätzigen angepflanzt. Die Klöster waren alle Selbstversorger. Sie pflanzten für ihren täglichen Bedarf das Gemüse

und die Küchenkräuter im
Gemüsegarten, dem Potager, an.

36 Äbtissinnen, die in vielen Fällen
aus adligen Familien stammten,
leiteten die Abtei in der Zeit vom 11.
Jahrhundert bis 1792. Seit der
Revolution bis in das Jahr 1963 war
das Kloster ein Gefängnis.
Während dieser Zeit wurde die
Abteikirche zum Schlafsaal der
Gefangenen.

Seit 1975 ist die Abtei Fontevraud
ein Seminar- und Kongreßzentrum
mit angeschlossenem Hotel.
Zahlreiche
Geschäftsveranstaltungen,
Konzerte und Festlichkeiten finden
hier in außergewöhnlichem
Rahmen statt. Das Hotelrestaurant
bietet Spezialitäten der Region mit
den dazu passenden Weinen an.

In der Abteikirche ruhen die
Herrscher des Anjou-
Plantagenêtgeschlechtes, Henri II.
König von England, Graf von Anjou,
seine Ehefrau Aliénor von
Aquitanien, der Sohn Richard
Löwenherz und Isabelle von
Angoulême, die 2. Frau des Sohnes

Johann Ohneland. Die Verstorbenen sind auf den Sarkophagen als bunt bemalte Liegefiguren dargestellt. Diese Darstellungsweise heißt in Frankreich „Gisant", im Tode Ruhender. Geschichte und Architektur aus 9 Jahrhunderten sind hier vereint.

Die separate, achteckige, romanische Küche ist wohl das am

meisten fotografierte Motiv und bekannteste Gebäude der gesamten Klosteranlage. Die Türme sind fischschuppenartig mit Dachziegeln verkleidet, wie es bei etlichen religiösen Bauwerken im Poitou üblich war. Auffallend sind die zahlreichen Kamine auf den Dächern. Das spiegelt die Anzahl der vielen Feuerstellen wider, die durch die Größe des Klosters benötigt wurden. Hier wurde nicht nur gekocht, sondern auch Fisch und Fleisch geräuchert.

Besonders erwähnen möchte ich den Kapitelsaal des Klosters. Die vor 500 Jahren angebrachten Wandmalereien sind ebenso sehenswert wie das reich verzierte Portal, durch das man den Kapitelsaal betritt.

Le Lude

Das nächste Schloss liegt abseits. Es bedarf schon einer längeren Fahrt über die Landstraße, um nach Le Lude zu gelangen. Diese kleine Mühe wird reichlich mit der Schönheit des Schlosses sowie seines Interieurs und den Gärten belohnt.

In dem Ort Le Lude angekommen hält man zunächst vergebens Ausschau nach dem Schloss. Nichts deutet auf dieses prächtige Bauwerk hin.

Es ist Mittagszeit und die Touristen-Info hat geschlossen. Ziemlich ratlos sehe ich mich nach dem Schloss um. Ich entschließe mich, einigen mit Fotoapparaten ausgerüsteten Touristen zu folgen und siehe da, hinter einem Eingangstor stehe ich unvermittelt dem Château gegenüber.

Seinen Ursprung hat das Schloss
bereits im X. Jahrhundert. Mehrfach
umgebaut und nochmals in der
Mitte des 19. Jahrhunderts
umfangreich restauriert, steht es
trutzig da mit seinen dicken, runden
Türmen.

Die Stilrichtungen, die am Schloss
vereint sind, stammen aus
mehreren Epochen, wie Gotik,
Renaissance und Louis-seize. Die

Familie bewohnt das außergewöhnliche Schloss seit ca. 250 Jahren.

Das Schlossinnere ist reich ausgestattet. Ob dies die Bibliothek ist mit einem Gobelin aus dem 17. Jahrhundert oder der Saal der Wachen, der Speisesaal, die einmaligen Wandmalereien italienischer Schule oder geschichtenerzählende Fresken, eine Führung durch das Schloss dürfen Sie sich nicht entgehen lassen.

Der Garten besteht aus mehreren „Zimmern", dem unteren Garten direkt am Ufer des Loir, dem Gemüsegarten und dem Rosengarten. Eine romantische Gartenanlage.

Burg Angers und Stadt Angers

Angers ist über 2000 Jahre alt und liegt an dem Fluss Maine, der unterhalb von Angers in die Loire mündet. Von der Mündung der Maine in die Loire bis zum Atlantik ist hier die Loire schiffbar. Der Fluss

Maine speist sich aus drei großen
Nebenflüssen, der Sarthe, der
Mayenne und dem Loir. Durch
diesen Zusammenfluss wird die
Maine zum kürzesten und größten
Nebenfluss der Loire, ganze 12 km
lang.

Angers ist eine Universitätsstadt.
Bei einer Einwohnerzahl von rund-
160.000 leben ca. 30.000
Studenten hier. Angers ist ein
Handelszentrum für Weine und
Landesprodukte des Anjou. Eine
bekannte Likörspezialität kommt
aus Angers, der Cointreau. Dies ist
ein süßer Likör mit
Orangengeschmack. Die
Geschichte zur Herstellung und
Fabrikation kann man in einem
Museum erkunden.

Angers hat eine lebhafte,
wechselvolle Geschichte. Die Stadt
hat wirklich alles erlebt, Wohlstand
und Verfall, Krieg und Frieden,
Belagerung und Kapitulation. Heute
ist sie eine Stadt, die viele
Sehenswürdigkeiten zu bieten hat:
Museen, Moderne Kunst, Kirchen,
alte historische Fachwerkhäuser,
und natürlich die berühmte trutzige
Burg. Auch Modegeschäfte und

Antiquitätenläden fehlen nicht. Um
Angers in seiner Vielfalt kennen zu
lernen, sollte der Aufenthalt am
besten auf mehrere Tage verlängert
werden.

Das Maison d'Adam an dem Place
Ste. Croix ist das älteste Haus der
Stadt. Ein historisches
Fachwerkhaus. Der paradiesische
Apfelbaum rankt sich hoch zu
einem Fenstertürmchen.

Die Cathedrale St. Maurice hat mich
beeindruckt. Mit ihren drei Türmen
gibt sie ein imposantes Bild ab. Die
Innenausstattung ist besonders für
Kunsthistoriker interessant, da hier
das erste sog. Anjougewölbe
entstand.

Die berühmte Burg ist ein monumentales Bauwerk. Erbaut aus dunklem Schiefer und hellem Sandstein. Ein sehr eindrucksvoller, imposanter Wehrbau. Die Umfassungsmauer ist 600 m lang und besitzt tatsächlich 17 Türme die bis zu 40 m hoch sind. Damit zählt die Burg zu den größten Schlössern an der Loire.

Die bekannteste Attraktion in der Burg ist der Wandteppichzyklus der Apocalypse, in Auftrag gegeben von Louis I., entstanden von 1373 – 1380. Er hat seinen Platz in einer eigens eingerichteten Galerie. Die ursprüngliche Größe des Wandteppichs, franz. Tenture l'Apocalypse, betrug 133 m in der Länge und 6 m in der Höhe. Teile davon gingen leider verloren, jedoch sind noch ca. 100 m erhalten geblieben. Insgesamt besteht der Wandteppich noch aus 76 Bildern. Diese Rarität zieht jährlich viele Touristen an.

Am besten nehmen Sie sich viel Zeit, diese Besonderheit zu bestaunen, noch besser, nehmen Sie teil an einer Führung.

Ein schön gestalteter Garten befindet sich in dem ehemaligen Burggraben. Die kunstvoll angelegte Blumenornamentik kommt am besten zur Geltung, wenn man von einem der Burgtürme hinunterschaut.

Château de Fontainebleau

Damit ist meine Reise entlang der Loire zu Ende. Aber ein Highlight liegt an meinem Heimweg, das Château de Fontainebleau, ca. 50 km südlich von Paris gelegen im Departement Seine-et-Marne.

Seit 1981 ist es Weltkulturerbe der UNESCO. Von Parisbesuchern kann dieses Schloss übrigens problemlos mit der S-Bahn erreicht werden, die Fahrt von Paris bis Fontainebleau dauert ca. 60 Min.

Nun habe ich so viele Schlösser und Burgen an der Loire gesehen, aber die Größe von Fontainebleau und der Parkanlage hat mich doch überrascht. So groß habe ich mir das Schloss nicht vorgestellt, allerdings den Touristenstrom auch nicht.

Der Name leitet sich von fontaine belle eau ab, übersetzt heißt es so viel wie Quelle des schönen Wassers. Seine Berühmtheit, das glaube ich zumindest, erlangte das Schloss durch die Abdankung von Napoléon I. Das Bild, wo Napoléon sich 1814 von seinen Generälen auf der Treppe verabschiedet, cour des adieux, ist in jedem Geschichtsbuch zu finden.

Erbaut wurde Fontainebleau von Franz I. und seinem Sohn Heinrich II. Mit dieser Tatsache ergibt sich die Verbindung zu den Loireschlössern. Deshalb trifft man auch hier wieder das F für Franz und sein Wappen an.

Der „Ovale Hof" ist der älteste Teil des Schlosses. Mit dem Bau des ersten Renaissanceschlosses in Frankreich wurde im Jahre 1528 begonnen..

Das Innere ist sehr prunkvoll ausgestattet und original erhalten. Zu sehen ist das Prunkbett sowie das Privatgemach von Napoléon I., der kleine runde Tisch, an dem er die Abdankungsurkunde unterzeichnete, der von Napoléon benutzte große Globus usw. Der Besucher findet sich inmitten der Historie wieder.

Das Schloss verfügt über 5 Höfe und die verschiedensten Gartenanlagen. Franz I. legte den Englischen Garten an, der unter Napoleon I. total neu gestaltet wurde. Ludwig XIV, der „Sonnenkönig", ließ im Garten das „Große Parterre „von seinem Gartenmeister im Barockstil wiederum neu entwerfen. Der große Kanal geht ebenfalls auf Ludwig XIV zurück. So erfuhr der Garten immer wieder eine neue Wandlung.

Von 1949 bis 1966 war im Schloss das NATO-Hauptquartier, SHAPE, untergebracht.

Bei meinem Besuch waren im Park und in den Schlossräumen moderne Kunstwerke ausgestellt. Das Moderne umgeben von der französischen Geschichte, warum nicht.

Der Ort Fontainebleau ist ein sehr lebhafter Ort, mit vielen Straßencafés, Bars und auffallend

vielen jungen Leuten. Die
Restaurants bieten Spezialitäten
verschiedenster Länder an.

Hier besuchte ich zum ersten Mal
ein indisches Restaurant und habe
mich von den einzelnen
Menugängen überraschen lassen.
Die neuen kulinarischen
Geschmacksrichtungen haben mich
begeistert.

Wer gerne wandert, kann dies im
übrigen in den Wäldern von
Fontainebleau ausreichend tun.
Hier, wo einst Könige zur Jagd
luden, sind ausgedehnte
Sparziergänge möglich.

Damit, lieber Leser, haben Sie und
ich nun wirklich das allerletzte
Schloss der Reise besucht. Dieser
kleine Reiseführer versucht, Ihnen
bekannte und weniger bekannte
Schlösser vorzustellen. Jedoch
haben sie eines gemeinsam, jedes
hat seine eigene Geschichte zu
erzählen und jedes ist anders.

Es gibt noch eine Vielzahl
interessanter und prachtvoller
Bauten an der Loire. Leider wird es
unmöglich sein, sie alle zu

besuchen. Aber es ist ein guter Grund, wieder hinzufahren.

Damit Sie nun wirklich Appetit auf das Loiretal und seine Produkte bekommen, stelle ich Ihnen einige Spezialitäten vor. Evtl. können Sie sich die Zeit bis zu Ihrer Loirereise damit versüßen.

Erdbeeren mit Cointreau

500 g Erdbeeren, 2 EL Zucker, Cointreau nach Geschmack.

Die Erdbeeren waschen und vierteln, mit 2 EL Zucker bestreuen, Cointreau nach Geschmack zufügen und über Nacht im Kühlschrank ziehen lassen. Mit Erdbeereis oder Vanillecreme servieren.

Tarte aux pommes (Apfeltarte)

Aus 250 g Mehl, 125 g Butter oder Margarine,1 Eigelb, 80 g Zucker, 2-3 EL Wasser, etwas Salz einen Teig kneten, eine halbe Stunde ruhen lassen. Ausrollen und in eine gebutterte Tarteform auslegen. Nun den Boden mit Apfelkompott ½ cm dick bestreichen. 3-4 Äpfel schälen,

entkernen und in dünne Stücke schneiden. Diese im Uhrzeigersinn und leicht überlappend auf dem Boden verteilen.
Bei 170°C Umluft ca. ½ Stunde backen. Nach dem Backen die Tarte aux pommes sofort mit heißer Aprikosenmarmelade bestreichen.

Rillettes (Fleischpastete) in Chicoreeblättern

Das hoffentlich aus Frankreich mitgebrachte Rillettes in große, ausgesuchte Chicoreeblätter füllen und mit einem Hauch Traubenessig oder Aceto di Modena übersprühen. Schmeckt als Aperitif oder zum Wein hervorragend.

Einige Informationen habe ich den nachstehend aufgeführten Literaturquellen entnommen:

Quellenverzeichnis

Der Grüne Reiseführer „Schlösser an der Loire" Michelin-Reiseverlag, Landau-Mörlheim, Aufl. 2005., Redaktion Der Grüne Reiseführer.

Marco Polo „Loire-Tal", 6. aktualisierte Aufl. 2005, Herausg. Ferdinand Ranft, MAIRDUMONT,Ostfildern

Jean-Marie Pérouse de Montclos „Schlösser im Loiretal", Tandem Verlag GmbH, Deutsche Ausgabe 2007, Übersetzung von Dr. Jörg Meidenbauer, München.

Inhaltsverzeichnis

Impressum
Copyright 2009 Huberta Jacobs
Fotos von Huberta und Hans
Jacobs
Herstellung und Verlag: Books on
Demand GmbH, Norderstedt.
ISBN: 9783837036893